IRISH
on YOUR OWN!

IRISH *on* YOUR OWN!

A Self-Guided
Course in the
Irish Language

Éamonn Ó Dónaill

Deirbhile Ní Churraighín

PASSPORT BOOKS
NTC/Contemporary Publishing Company

ACKNOWLEDGMENTS

Project co-ordinator: Edna MacNamara Connolly (Gael Media)
Project consultants: ACEN S4C
Researchers ('Useful Information' section): Deirdre Learmont, Lisa Ní Mhunghaile
Contributors ('Useful Information' section): Alan Titley (contemporary Irish literature),
Clíona Ní Shúilleabháin (set dancing), Lillis Ó Laoire (Irish music).
Toasts on page 35 collected by Séamas Ó Cathain, University College, Dublin.

Thanks to EU Lingua Programme; University College, Galway; Antain Mag Shamhráin;
Elen Rhys; Euryn Ogwen Williams; Mícheál Ó Flaithearta; Údarás na Gaeltachta.

Library of Congress Cataloging-in-Publication Data
is available from the United States Library of Congress.

CONTENTS

Preface

This multimedia course is suitable for learners who have no previous knowledge of Irish and also for those who wish to brush up on and add to what they already know. It is advisable to use the course book in conjunction with the audio cassettes; each unit in the book and on the cassettes corresponds to one of the programmes in the television series 'Now You're Talking', first broadcast in the autumn of 1995 on RTE and BBC Northern Ireland.

By using this course you will
—learn how to talk about your family and background, your work, and your interests;
—learn how to ask for information, such as people's names, where they are from, the time, etc.;
—learn the language necessary to engage in basic social interaction;
—develop your listening skills so that you can get the gist of what Irish-speakers are saying when speaking at normal speed about the types of topics covered in this book.

The book is divided into thirty units, each dealing with one main topic. The learner is given plenty of opportunities to practise the language contained in each unit. This language is presented in manageable chunks, and the material taught in one unit is constantly recycled in subsequent units. Grammar is taught in context throughout the book in clear, easy-to-understand language. The grammar sections in each unit are called 'Faisnéis' (information). There is also a grammar section at the end of the book, 'How the Language Works', which brings together the grammar taught throughout the book and elaborates on some points.

The answers to the written and oral activities contained in each unit are given at the end of the book (from page 231), and the answers to the oral exercises are given on the tape as well. The comprehensive indexes (pages 246 and 251) add greatly to the accessibility of the book, making it easier to find the grammatical point or the language function (e.g. thanking someone, asking for a favour) that you're looking for.

◆ THE AUDIO CASSETTES

Three audio cassettes accompany the course book, with an average of ten minutes devoted to each unit in the book. All the new language is introduced in English by the two presenters, Deirbhile Ní Churraighín and Rónán Mac Aodha Bhuí, and then there are short scenes that illustrate how this language is used in everyday conversation. The learner is then given an opportunity, through role-playing and other types of activities, to practise this new language.

DIALECT

Irish has three main dialects: Ulster, Connacht, and Munster. This course gives priority to the Ulster dialect. The learner may at first have some difficulty understanding speakers of the other dialects but will soon become familiar with the differences between them.

ADVICE FOR LEARNERS

1. Study on a regular basis: twenty-minute or thirty-minute sessions five times a week, for example, are better than one long, intensive session once a week.
2. At the beginning of each session always revise what you covered in the previous session before moving on to anything new.
3. As well as stopping the tape to repeat what the speaker has just said, try the technique known as shadow reading: this involves listening, reading the transcript in the book and speaking at the same time as the person on the tape. The scenes illustrating everyday usage of newly taught language are particularly suitable for this.
4. Buy a notebook and write down any useful vocabulary and structures you come across. Divide it into different topic areas (e.g. work, leisure-time activities, family) to make it more accessible. If possible get a native speaker to record this language onto cassette for you, and listen to it regularly.
5. Don't worry about making errors at the beginning: such errors are a normal part of the language learning process and will disappear with practice.
6. Buy an English-Irish and an Irish-English dictionary, as well as a grammar book. The following are recommended:
   —*Foclóir Gaeilge-Béarla,* edited by Niall Ó Dónaill (Stationery Office, Dublin). A shorter and less expensive version, *Gearrfhoclóir Gaeilge-Béarla,* is also available.
   —*English-Irish Dictionary,* edited by Tomás de Bhaldraithe (Stationery Office, Dublin).
   —*An Foclóir Póca* (Stationery Office, Dublin), an Irish-English and English-Irish pocket dictionary that has the advantage of being less expensive than the others above, and far more portable! (For more information about dictionaries see pages 195-7).
   —*New Irish Grammar* by the Christian Brothers (Fallon, Dublin); *Teach Yourself Irish* by Diarmuid Ó Sé and Joseph Sheils (Hodder and Stoughton, London) also contains some very useful grammatical explanation.
7. Buy a dual-language prose or poetry book; Cló Iar-Chonnachta (see pages 187-8) has an excellent range of books available, some with accompanying cassettes.
8. Join a class. The Government agency Bord na Gaeilge (7 Merrion Square, Dublin 2; phone 6763222) has a comprehensive list of the classes available throughout the Republic. Learners in Northern Ireland can contact the Ultach Trust in Belfast (phone 230749). Oideas Gael (Gleann Cholm Cille, Co. Donegal; phone (073) 30248) has information about classes available in Britain, America and other parts of the world and can also give you information about cultural weekends that are run in different countries.
9. Do a week-long course in the Gaeltacht. There is a list of the courses available on page 202 of this book.
10. The most important advice of all: *Bain sult as an teanga!*—enjoy the language!

LENITION

Lenition (*séimhiú* in Irish) is a change in sound that occurs to the beginning of words caused by a preceding word, such as a preposition; this change in sound is shown in writing by adding **h**. Here are the consonants that are affected:

b	→	bh
c	→	ch
d	→	dh
f	→	fh
g	→	gh
m	→	mh
p	→	ph
s	→	sh (but sc–, sf–, sm–, sp– and st– do not change)
t	→	th

ECLIPSIS

Eclipsis (*urú* in Irish) is another change in sound that occurs to the beginning of words. Again it is caused by a preceding word, and it affects those beginning with a consonant or with a vowel. Here are the letters that are affected:

b	→	mb		a	→	n-a
c	→	gc		e	→	n-e
d	→	nd		i	→	n-i
f	→	bhf		o	→	n-o
g	→	ng		u	→	n-u
p	→	bp				
t	→	dt				

You'll come across plenty of examples of both lenition (*séimhiú*) and eclipsis (*urú*) throughout this book. Don't worry too much about them for now!

1 AONAD
Ag bualadh le daoine
Meeting people

◆ ## GREETING SOMEONE

The most common greeting is

Cad é mar atá tú?   How are you?

This greeting is sometimes preceded by **Haló**.

◆ ## GREETING MORE THAN ONE PERSON

Cad é mar atá sibh?   How are you?

◆ ## RESPONDING TO A GREETING

Tá mé go maith.   I'm fine.

or simply

Go maith.

People often add
... go raibh maith agat.   ... thank you.
Agus tú féin?   And yourself?

When responding to **Agus tú féin?** people generally avoid repeating **Tá mé go maith** and use instead **Tá mé go breá**. Listen to some examples on the tape.

—**Cad é mar atá tú?**
—**Go maith, go raibh maith agat. Agus tú féin?**
—**Tá mé go breá.**

—**Cad é mar atá tú?**
—**Tá mé go maith. Agus tú féin?**
—**Go breá.**

'Cad é mar atá tú?'

1

1 Imagine that you meet a friend in the street. Listen to the tape and respond in the appropriate way.

—**Cad é mar atá tú?**

Say you're fine and ask how *she* is.

—**Go breá.**

This time you meet a friend called Alan. Greet him.

—**Á, go maith. Agus tú féin?**

Say you're fine.

Dia duit (literally 'God be with you') is also used as a greeting but is regarded as quite formal by native speakers and is rarely used in the Gaeltacht.

 # FAISNÉIS

 214

The words **mé** and **tú** are called *pronouns* and are used when you don't need to or want to repeat a noun. Here is a list of pronouns, accompanied by the present tense of the verb **bí** (be).

Tá mé (I am)	**Tá muid** (we are)
Tá tú (you are)	**Tá sibh** (you are)
Tá sé/sí (he/she is)	**Tá siad** (they are)

We'll be dealing with pronouns in more detail in Aonad 5.

TALKING ABOUT THE WEATHER

People often comment on the weather after they've exchanged greetings.

Tá lá breá ann.	It's a fine day.
Tá drochlá ann inniu.	It's a bad day today.
Tá sé fuar.	It's cold.
Tá sé te.	It's hot/warm.
Tá sé fliuch.	It's wet.
Tá, cinnte.	It is indeed.

Buíochas le Dia (thank God) is used quite frequently in this context.

Tá lá breá ann inniu, buíochas le Dia. It's a fine day today, thank God.

 2 Listen to the short sequences on the tape and say what the weather is like in each case.

3   WISH YOU WERE HERE!

Write a comment on the weather in each of these pictures.

4   YOUR BIG CHANCE!

You've just been given a part in a new soap opera, but the script has had coffee spilled on it. See if you can fill in the gaps.

Pól: Haló. Cad é mar atá tú?
Áine: Go maith, __ __   __ __ __ __ __ maith agat. Agus tú féin?
Pól: Go __ __ __ __ __ . Tá __ __   __ __ __ __ ann inniu.
Áine: Tá __ __ __ __ __ __.

5   Imagine you bump into a friend on your way to work. Listen to the tape and participate in the conversation.

—**Cad é mar atá tú?**
Say you're fine and ask how *she* is.

—**Go breá. Tá lá breá ann inniu.**
Say, 'It is indeed, thank God.'

'Tá lá breá ann.'

◆ SAYING GOODBYE

Slán.	Goodbye.
Slán go fóill.	Goodbye for now.

You can respond to **Slán** with another **Slán**, or with **Slán go fóill**. If, however, the first person says **Slán go fóill**, the second person simply says **Slán**. You also hear the following:

Chífidh mé tú.	I'll see you.

6   Listen to the tape and try responding to the goodbyes.

1   **—Slán go fóill.**
     Say, 'Goodbye, Edna.'

2   **—Slán.**
     Say, 'Goodbye for now.'

3   **—Slán go fóill.**
     Say, 'Goodbye. I'll see you.'

Can you now do the following?	Yes	No	If not, go back to page
Greet one person			1
Greet more than one person			1
Respond to a greeting			1
Say thanks			1
Comment on the weather			2
Say goodbye			4

'Tá sé fliuch.'

2 AONAD Cur in aithne
Introductions

◆ INTRODUCING YOURSELF

To introduce yourself you say

Is mise …   I'm …
or
Mise …

followed by your name.

◆ ASKING SOMEONE'S NAME

C'ainm atá ort?   What's your name?

If you wish to ask the same question after you have given *your* name, then use the following:

C'ainm atá ortsa?   What's *your* name?

People normally respond to this question by simply giving their name.

 Listen to these examples.

—Is mise Máirín. C'ainm atá ortsa?
—Gearóid.

—Mise Betty. C'ainm atá ortsa?
—Rónán.

—C'ainm atá ort?
—Eibhlín. C'ainm atá ortsa?
—Séamas Ó Briain.

Fido.

Mise Fluffy. C'ainm atá ortsa?

6

1   Imagine your name is Pat. You're at a party and you're meeting some of the people there for the first time. See how you get on.

—**Mise Frank. C'ainm atá ortsa?**

Say who you are.

A woman joins the company. This time you introduce yourself and ask her what *her* name is.

—**Hannah.**

2   Fill in the blanks in the following conversations.

1.   —C'ainm atá __ __ __?
     —Bríd. C'ainm atá __ __ __ __ __?
     —Mairéad.

2.   —__ __ __ __ Dónall. C'ainm atá ortsa?
     —Nóirín.

3.   —__ __ __ __ Tomás. C'ainm __ __ __ __ __ __ __ __?
     —Síle.

'*Mise Deirbhile Ní Churraighín.*'

EOLAS CULTÚRTHA

SLOINNTE SURNAMES

The Irish for 'surname' is **sloinne**. Most surnames in Ireland are of Irish origin and therefore have an Irish-language version. You'll notice some differences between men's and women's surnames.

Men's and boys' surnames usually have **Mac** ('son') or **Ó** ('grandson') at the beginning.

If their family surname begins with Ó, girls and unmarried women have **Ní** ('daughter of') at the beginning. Some married women have **Bean Uí** ('wife of') or just **Uí** before their surnames.

If their family surname begins with **Mac**, girls and unmarried women have **Nic** ('daughter of') at the beginning, and married women can have **Bean Mhic** ('wife of') or just **Mhic** at the beginning of theirs.

3   Match each name with its Irish version.

Ryan	**Ó Riain**
Tom Ryan	**Seán Ó Riain**
Anne, his wife	**Tomás Ó Riain**
Mary, their daughter	**Áine Bean Uí Riain**
John, their son	**Máire Ní Riain**

(Tom Ryan → Tomás Ó Riain)

4   Write the correct form of each name in the spaces below.

Williams	**Mac Liam**
James Williams	**Séamas Mac Liam**
Fiona, his wife	**Fiona** _____
Sheila, their daughter	**Síle** _____
George, their son	**Seoirse** _____

FILLING IN FORMS

Sloinne   Surname
Cad é an sloinne atá ort?   What's your surname?

AN AIBÍTIR   The alphabet

The alphabet in Irish is similar to the English alphabet. However, the letters **j, k, q, v, w, x, y** and **z** do not occur in native Irish words. Some of these letters are used occasionally in spelling loanwords from English, for example **jab** (job) and **veain** (van).

Listen to the alphabet as it is spoken on the tape. Note how **a** is pronounced in Irish. If there's a *síneadh fada* or accent mark placed on any of the vowels, it lengthens its sound. Listen again to the tape and pay attention to the difference in sound between these pairs of words:

ar	(on)	ár	(our)
fear	(man)	féar	(grass)
fionn	(blond)	fíon	(wine)
solas	(light)	sólás	(comfort)
gunna	(gun)	gúna	(dress)

5   Listen to the people on the tape spelling their names. Try to write them
          down in the spaces below.

1. _____

2. _____

3. _____

ASKING WHO SOMEONE IS

Cé seo?   Who's this?

If you're referring to more than one person you use the following:

Cé hiad seo?

INTRODUCING OTHERS

Seo Diarmaid.   This is Diarmaid.

INTRODUCING FAMILY MEMBERS

máthair   mother
Seo mo mháthair.
athair   father
Seo m'athair.
iníon*   daughter
Seo m'iníon.
mac   son
Seo mo mhac.

*In Ulster the **i** at the beginning of **iníon** is not pronounced.

9

This is how you introduce more than one daughter or son:

Seo mo chuid iníonacha.
Seo mo chuid mac.

> You'll find more vocabulary to
> do with the family on page 74.

 FAISNÉIS

 213-14

The Irish for 'my' is **mo**. If it precedes a word beginning with a consonant (other than **l**, **n**, or **r**) a **h** is added to the initial letter, causing a change in sound:

mac   **mo m̲hac**

If **mo** precedes a word beginning with a vowel or **f**, the **o** in **mo** is dropped:

iníon   **m'iníon**

---

 6   You'll hear some people introduce their children. Try to anticipate what they're going to say.

1.   Susan with her two daughters Nuala and Caitríona.
2.   Seosamh with his sons Mark and Liam and daughter Laoise.
3.   Aonghas with his son Dónall and daughter Cáit.
4.   Siobhán with her son Proinsias and her three daughters Áine, Caoimhe, and Róisín.

 7   You're shopping with your son Fearghal and daughter Niamh when you meet a friend. Listen to the tape and respond to your friend's questions.

—Á, cad é mar atá tú?

Say, 'Fine, thanks,' and ask how *she* is.

—Go breá. Cé hiad seo?

Introduce your son and daughter to her.

Can you now do the following?	Yes	No	If not, go back to page
Introduce yourself			6
Ask someone their name			6
Spell in Irish			8
Ask who someone is			9
Introduce others			9
Introduce family members			9

Ag labhairt faoi do chúlra
Speaking about your background

ASKING SOMEONE WHERE THEY'RE FROM

Cá as tú?   Where are you from?

After giving your response, you can ask the same question in the following ways:

Cá as tusa?   Where are *you* from?
or
Cá as tú féin?   Where are you from yourself?

SAYING WHERE YOU'RE FROM

Is as … mé.   I'm from …
Is as Dún Geanainn mé.   I'm from Dungannon.

This is generally used as a statement or as a response to a general question such as 'Tell me a little about yourself.' However, when answering a more specific question, such as **Cá as tú?** people tend to say **As** and the name of the place.

As Léim an Mhadaidh.   From Limavady.

 Listen to some examples on the tape.

—**Cá as tú?**
—**As Doire. Cá as tú féin?**
—**As Dún na nGall.**

—**Cá as tú?**
—**As Léim an Mhadaidh. Cá as tusa?**
—**As Port an Dúnáin.**

 1   Try saying the following in Irish, and check the answers on the tape.

1.   Where are you from?
2.   From Belfast.
3.   Where are you from yourself?

11

4. Where are *you* from?
5. I'm from Limavady.

ASKING SOMEONE WHERE THEY LIVE

Cá bhfuil tú i do chónaí?   Where do you live?

SAYING WHERE YOU LIVE·

'Cá bhfuil tú i do chónaí?'

Tá mé i mo chónaí i(n) …	I live in …
Tá mé i mo chónaí in Aontroim.	I live in Antrim.
Tá mé i mo chónaí i nDún Geanainn.	I live in Dungannon.

If you're responding to the question **Cá bhfuil tú i do chónaí?** you can just say **I(n)** and the name of the place.

 Have a listen to some people on the tape saying where they live.

—**Cá bhfuil tú i do chónaí?**
—**I dTír Eoghain.**

—**Cá bhfuil tú i do chónaí?**
—**In Ard Mhacha. Agus tú féin?**
—**I gCorcaigh.**

The following sentence will prove useful to you if you don't live in the place you're originally from.

As Ard Mhacha ó dhúchas mé, ach tá mé i mo chónaí i mBéal Feirste anois.

I'm originally from Armagh, but I live in Belfast now.

The Irish for 'in' is **i** or **in**.
I is used before words beginning with a consonant, and causes an *urú*:
i dTír Eoghain
i nDún Dealgan
If the word begins with a vowel, **in** is used instead:
in Achadh na Cloiche
in Ard Mhacha

TALKING ABOUT LOCATION

You can use the following if you wish to be more precise about where you live:

Tá mé i mo chónaí i lár an bhaile.	I live in the centre of town.
… taobh amuigh den bhaile	… outside the town
… faoin tuath	… in the countryside
… i lár na cathrach	… in the city centre
sráid	street
… ar Shráid Anraí	… in Henry Street
bóthar	road
… ar Bhóthar na Carraige	… on Carrick Road

 2 Listen to the conversation between Phil and Máirín on the tape, and fill in the blanks.

—C'ainm atá ort?
—Máirín. C'ainm atá __ __ __ __ __ ?
—Phil. Cá as tú, a Mháirín?
—As Doire, ach tá mé i mo __ __ __ __ __ __ in Aontroim anois. Cá as __ __ __ __ __ __ ?
— __ __ Droichead na Banna. Tá mé i mo chónaí taobh amuigh __ __ __ bhaile.

NA hUIMHREACHA 1–12 217

0	a náid	7	a seacht
1	a haon	8	a hocht
2	a dó	9	a naoi
3	a trí	10	a deich
4	a ceathair	11	a haon déag
5	a cúig	12	a dó dhéag
6	a sé		

In everyday speech the **a** preceding the numbers is often not pronounced. It is always used, however, after the word **uimhir** (number):

uimhir a cúig   number five

More about numbers on page 28!

◆ ASKING SOMEONE THEIR PHONE NUMBER

Cad é d'uimhir fóin?   What's your phone number?

or simply

D'uimhir fóin?   Your phone number?

 3   See if you can say these phone numbers in Irish before the people on the tape.

1. 254759
2. 22422
3. 909842
4. 661750

 4   Listen to the various people on the tape giving their telephone numbers, and write them down in the spaces provided.

1. _____
2. _____
3. _____
4. _____

◆ **ASKING WHAT TIME IT IS**

Cad é an t-am atá sé? What time is it?

If you're asking a stranger you should use the phrase **Gabh mo leithscéal** (Excuse me) first in order to attract their attention. If you're already talking to someone you can use the phrase

Cad é an t-am atá sé, le do thoil? What time is it, please?

◆ **SAYING WHAT TIME IT IS**

Tá sé ... a chlog. It's ... o'clock.

a **haon** a chlog
a **dó** a chlog
a **trí** a chlog
a **ceathair** a chlog
a **cúig** a chlog
a **sé** a chlog
a **seacht** a chlog
a **hocht** a chlog
a **naoi** a chlog
a **deich** a chlog
a **haon déag** a chlog
a **dó dhéag** a chlog

ceathrú i ndiaidh ... a quarter past ...
leath i ndiaidh ... half past ...
ceathrú go dtí ... a quarter to ...

When you're responding to the question **Cad é an t-am atá sé?** you can leave out **Tá sé ...** if you wish and simply say the time.

 Have a listen to some people on the tape saying what time it is.

—Gabh mo leithscéal. Cad é an t-am atá sé?
—A cúig a chlog.

—Cad é an t-am atá sé, le do thoil?
—Tá sé ceathrú i ndiaidh a seacht.
—Ceathrú i ndiaidh a seacht. Go raibh maith agat.

—Cad é an t-am atá sé?
—Ceathrú go dtí a haon déag.

5   Listen to six people saying what time it is, and indicate in the spaces
        provided which clock each one of them is referring to.

Person	Clock
1	
2	
3	
4	
5	
6	

a   b   c

d   e   f

When you've finished the above exercise, try saying the times indicated on the clocks,
and check if you're correct by listening to the tape.

Can you now do the following?	Yes	No	If not, go back to page
Ask someone where they're from			11
Say where you're from			11
Ask someone where they live			12
Say where you live			12
Talk about location			13
Count from 1 to 12			14
Understand phone numbers			14
Ask the time			15
Say what time it is			15

Ag plé teangacha
Discussing languages

ASKING SOMEONE IF THEY SPEAK A LANGUAGE

An bhfuil ... agat?	Can you speak ...?
	(literally, Have you ...?)
An bhfuil Gaeilge agat?	Can you speak Irish?
An bhfuil Fraincis agat?	Can you speak French?

An bhfuil Gaeilge agat?

Oui. Un peu.

TEANGACHA

Béarla	English
Gearmáinis	German
Iodáilis	Italian
Spáinnis	Spanish
Breatnais	Welsh
Gaeilge na hAlban	Gaelic (Scotland)

SAYING HOW WELL YOU SPEAK A LANGUAGE

Tá Gaeilge líofa agam.	I speak Irish fluently.
Tá beagán Fraincise agam.	I speak a little French.
Tá mé ag foghlaim Gearmáinise.	I'm learning German.
Níl mórán Iodáilise agam.	I can't

speak much Italian.

If you're responding specifically to the question **An bhfuil Gaeilge agat?** here are some possible answers:

Tá.	Yes.
Níl.	No.
Beagán.	A little.
Tá. Tá mé líofa.	Yes. I'm fluent.
Tá mé ag foghlaim.	I'm learning.

Tá beagán Gaeilge agam

'Tá beagán Fraincise agam.'

 1 Try saying these sentences in Irish:

1. Can you speak German?
2. I speak Welsh fluently.
3. I speak a little Italian.
4. I'm learning Irish.

ASKING SOMEONE WHICH LANGUAGES THEY SPEAK

Cad é na teangacha atá agat?   Which languages can you speak?

SAYING WHICH LANGUAGES YOU SPEAK

Tá Fraincis agus Gearmáinis agam.   I speak French and German.
Tá Iodáilis agam ach níl aon Spáinnis agam.   I speak Italian but I can't speak Spanish.
Níl aon Fhraincis nó Spáinnis agam.   I speak neither French nor Spanish.

SAYING WHERE YOU'RE LEARNING A LANGUAGE

If you tell someone that you're learning a language, you might be asked where—
Cá háit? Here are some possible answers:

Ón teilifís.   From the television.
Ón raidió.   From the radio.
Ag rang oíche.   At a night class.
Ó fhístéipeanna sa bhaile.   From videos at home.

 2 You'll hear four people saying where they're learning certain languages. Try to anticipate what they're going to say.

1. Mark is learning French from the television.
2. Claire is learning German from videos at home.
3. Póilín is learning Italian at a night class.
4. Ciarán is learning Welsh from the radio.

◆ ASKING IF SOMEONE UNDERSTANDS A LANGUAGE

An dtuigeann tú Gaeilge?	Do you understand Irish?
Tuigim.	Yes (I do understand).
Ní thuigim.	No (I don't understand).

▮ FAISNÉIS

 221-2

A question is formed in the present tense by placing **An** before the verb. This causes an *urú* in verbs beginning with a consonant (except **l**, **m**, **n**, **r**, or **s**):

An dtuigeann tú?   Do you understand?

(This **An** tends not to be pronounced in everyday speech.)

As you've probably noticed, there's no equivalent of the words 'yes' or 'no' in Irish. You must listen to the question and use the same verb in your answer:

An ólann tú caife?	Do you drink coffee?
Ólaim.	Yes.
Ní ólaim.	No.

When **Ní** precedes a verb beginning with a consonant (except **l**, **n**, or **r**) it causes a *séimhiú*:

Ní thuigim.   I don't understand.

Only a handful of Irish verbs (eleven, to be precise) are irregular, but they occur quite frequently. You've already come across one of the most widely used: **Tá**.

An bhfuil Gaeilge agat?	Can you speak Irish?
Tá.	Yes.
Níl.	No.

You'll have plenty of opportunities to practise using verbs between now and the end of the course, so don't worry unduly about them!

---

3   Imagine that you're the manager of a busy tourist information office. You've advertised a part-time job in the office, and now you're dealing with interested applicants and taking down their details.

A   You've just finished talking to one of the applicants. Fill in the blanks in the dialogue below using the information contained in the application form (foirm iarratais).

You: *C'ainm atá ort?*

Interviewee: _____

You: *Cá as tú?*

Interviewee: _____

You: *Cad é an seoladh atá agat?* (What's your address?)

Interviewee: _____

You: *Cad é d'uimhir fóin?*

Interviewee: _____

You: *An bhfuil Spáinnis agat?*

Interviewee: _____

You: *Cad é na teangacha eile atá agat?* (other languages)

Interviewee: _____

FOIRM IARRATAIS

Ainm agus sloinne:	Caitlín Ní Ghallchóir
Seoladh:	5 Sráid Mhic Liam
	Port Stíobhaird
Uimhir fóin:	52987
Áit bhreithe:	Béal Feirste
(place of birth)	
Teangacha:	Gaeilge, Gearmáinis,
	Fraincis, Spáinnis (beagán)

 B   Another applicant has just walked into your office.

Ask him what his name is.

Pádraig Mac Mathúna.

Ask him where he's from.

As Leitir Ceanainn, ach tá mé i mo chónaí anseo anois.

Ask him what his address is.

Cúig déag, Bóthar na Trá.

Ask him what his phone number is.

A hocht, a naoi, a seacht, a sé, a cúig.

Ask him which languages he speaks.

Bhuel, tá Gearmáinis líofa agam agus beagán Iodáilise.

 FAISNÉIS 218-19

COUNTING THINGS

The numbers 2–6 cause a *séimhiú* on words beginning with a consonant (except **l**, **n**, or **r**):

teanga	a language
teanga amháin	one language
dhá theanga	two languages
trí phionta	three pints
ceithre dhoras	four doors
cúig bhuidéal	five bottles
sé chaife	six coffees
trí leabhar	three books
dhá rothar	two bicycles

Note!

The numbers *a haon*, *a dó* and *a ceathair* change when counting things.

Words beginning with a vowel remain unchanged:

ceithre úll	four apples
cúig oráiste	five oranges

Note how the singular form is used after numbers in Irish:

oráistí	oranges
but	
cúig oráiste	five oranges
teangacha	languages
but	
dhá theanga	two languages

You'll find more about counting things on page 34!

21

4 You'll hear people on the tape counting things. Try to anticipate what they're going to say.

1. pionta

2. buidéal

3. caife

4. tábla

5. doras

Can you now do the following?	Yes	No	If not, go back to page
Ask someone if they speak a certain language			17
Respond to that question			17
Name several languages			17
Say how well you speak a language			17
Ask someone which languages they speak			18
Say which languages you speak			18
Say where you're learning a language			18
Ask if someone understands a language			19
Count up to six things			21

5 Ag cur tuairimí in iúl
Expressing opinions

◆ SAYING THAT YOU LIKE SOMETHING

Is maith liom ...	I like ...
Is breá liom ...	
or	
Tá dúil mhór agam i(n) ...	I really like ...

◆ SAYING THAT YOU DON'T LIKE SOMETHING

Ní maith liom ...	I don't like ...
Ní maith liom ... ar chor ar bith.	I don't like ... at all.
Is fuath liom ...	I hate ...

 Listen to some people expressing opinions on television programmes. Before turning on the tape, have a look at the vocabulary below.

cláracha	programmes
cláracha faisnéise	documentaries
cláracha spóirt	sports programmes
cláracha ceoil	music programmes
cláracha cainte	talk shows
cláracha dúlra	nature programmes

—Is maith liom cláracha faisnéise;

'Panorama', mar shampla.

—Is maith liom cláracha cainte agus cláracha
ceoil, go háirithe 'Top of the Pops'. Ní maith liom cláracha spóirt.

—Is breá liom cláracha ceoil agus cláracha dúlra.

—Ní maith liom cláracha faisnéise ar chor ar bith.

—Is fuath liom cláracha cainte agus cláracha spóirt.

1 Can you say the following in Irish? Listen to the tape to see if you're correct.

1. I like nature programmes.
2. I don't like music programmes.
3. I really like documentaries.
4. I don't like chat shows.
5. I hate sports programmes.

2 Write a sentence on each of the programmes below, using the phrases you've learnt so far in this unit.

'Top of the Pops'
'Eastenders'
'Match of the Day'
'Now You're Talking'
'Coronation Street'
'The Late Late Show'

◆ SAYING WHAT YOU LIKE DOING

When you talk about the things you like *doing* or actually participating in, as opposed to just liking, you can use the word **bheith**:

Is maith liom a bheith …	I like …
ag garraíodóireacht	gardening
ag péinteáil	painting
ag cócaireacht	cooking
ag iascaireacht	fishing
ag léamh	reading

Here are some other popular pastimes and activities.

Is maith liom …	I like to …
a dhul ag rith.	go running.
amharc ar an teilifís.	watch television.
éisteacht le ceol.	listen to music.
a dhul ag snámh.	go swimming.
a dhul chuig scannáin.	go to films.
a dhul chuig drámaí.	go to plays.
leadóg a imirt.	play tennis.

3   You'll hear different people saying what pastimes and activities they enjoy. Try to say each sentence before they do.

1.   I like cooking.
2.   I like to go swimming.
3.   I like to go to plays.
4.   I like to listen to music.
5.   I like to fish.

◆ ASKING SOMEONE WHETHER THEY LIKE SOMETHING

An maith leat …?	Do you like …?
An maith libh …?	Do you like …?
	(when speaking to more than one person)

◆ GIVING YOUR REPLY

When replying to the question **An maith leat …?** there's no need to use **liom** when saying yes or no.

An maith leat ceol clasaiceach?	Do you like classical music?
Is maith.	Yes.
Ní maith.	No.
Is breá liom é.	I really like it.
Ní maith liom ar chor ar bith é.	I don't like it at all.
Is fuath liom é.	I hate it.
Tá sé ceart go leor.	It's all right.

Having replied to the question **An maith leat …?** you may wish to return the same question. You can do this in two ways:

An maith leatsa é?	Do *you* like it?
or	
An maith leat féin é?	Do you like it yourself?

CINEÁLACHA CEOIL   Types of music

ceol traidisiúnta	traditional music
ceol clasaiceach	classical music
snagcheol	jazz
roc-cheol	rock music
popcheol	pop music

Listen to some people giving their opinions on different types of music.

—An maith leat ceol traidisiúnta?
—Is maith.

—An maith leat ceol clasaiceach?
—Ní maith liom ar chor ar bith é. An maith leatsa é?
—Is fuath liom é.

—An maith leat snagcheol?
—Is maith. An maith leat féin é?
—Is breá liom é.

4   See if you can say the following in Irish.

1. Do you like traditional music?   4. I hate it.
2. I like classical music.   5. I don't like it at all.
3. I really like jazz. Do you like it?   6. I really like it.

SAYING THAT YOU PREFER SOMETHING

Is fearr liom …	I prefer …
Is maith liom snagcheol ach is fearr liom ceol traidisiúnta.	I like jazz but I prefer traditional music.

You'll hear people saying what kinds of food and drink they prefer. Before listening to the tape, have a look at the vocabulary below.

BIA AGUS DEOCH   Food and drink

feoil	meat
glasraí	vegetables
bia mara	seafood
sicín	chicken
fíon bán	white wine
fíon dearg	red wine

—A Eibhlín, an maith leat feoil?
—Is maith, ach is fearr liom bia mara. An maith leatsa bia mara?
—Tá sé ceart go leor.

—A Rónáin, an maith leat sicín?
—Ní maith.
—Agus an maith leat glasraí?
—Ní maith liom glasraí ar chor ar bith.

—A Liam, an maith leat fíon bán?
—Is maith, ach is fearr liom fíon dearg.

FAISNÉIS

All nouns in Irish are either *masculine* or *feminine.*

The words é, í and iad are known as *pronouns* and are used to avoid repeating a noun, whether that noun represents a person or a thing.

é: 'him', or 'it' when referring to a masculine word
í: 'her', or 'it' when referring to a feminine word*
iad: 'them', in all cases

ceol (masculine)	**leadóg** (feminine)
—**An maith leat ceol?**	—**An maith leat leadóg?**
—**Is breá liom é.**	—**Is fuath liom í.***

*There is a growing tendency to use é all the time for 'it'.

Cláracha (plural)
—**An maith leat cláracha ceoil?**
—**Is breá liom iad.**

When the pronouns é, í and iad immediately follow the verb, the following forms are used:

sé: 'he', or 'it' when referring to a masculine word
sí: 'she', or 'it' when referring to a feminine word
siad: 'they' in all cases

—**An maith leat cláracha spóirt?**
—**Tá siad ceart go leor.**

—**An maith leat Julia Roberts?**
—**Tá sí ceart go leor.**

---

5   Can you say the following in Irish?

1.   I like meat but I prefer seafood.
2.   I like red wine but I prefer white wine.
3.   I don't like vegetables at all.
4.   I hate chicken.

◆ SAYING WHAT SOMETHING IS LIKE

Tá sé maith.	It's good.
Tá sé an-mhaith.	It's very good.
Tá sé measartha maith.	It's reasonably good.
Níl sé rómhaith.	It's not too good.
Tá sé go dona.	It's very bad.

◆ ASKING WHETHER SOMETHING IS ANY GOOD

An bhfuil … maith?	Is … good?
An bhfuil an fíon seo maith?	Is this wine good?
An bhfuil maith ar bith sa …?	Is the … any good?
An bhfuil maith ar bith sa bhialann sin?	Is that restaurant any good?

 6   A new restaurant has recently opened and a reporter has called in to interview some of the customers for the purposes of writing a review. He's asking people **An bhfuil an bia maith?** (Is the food good?) Try to answer before each customer does.

1.   It's not too good.
2.   It's reasonably good.
3.   It's very bad.
4.   It's very good.

… a hocht, a naoi, a deich!

NA hUIMHREACHA 1–20 ➡ 217

We'll have a recap on the numbers you've learnt already and add a few more.

0 a náid	11 a haon déag
1 a haon	12 a dó dhéag
2 a dó	13 a trí déag
3 a trí	14 a ceathair déag
4 a ceathair	15 a cúig déag
5 a cúig	16 a sé déag
6 a sé	17 a seacht déag
7 a seacht	18 a hocht déag
8 a hocht	19 a naoi déag
9 a naoi	20 fiche
10 a deich	

28

7   Tick the numbers you hear on the tape.

0	1	3	2
6	4	5	12
7	8	11	17
10	9	13	18
15	14	16	20

Can you now do the following?	Yes	No	If not, go back to page
Say that you like/really like something			23
Say that you don't like/don't like at all/hate something			23
Say what you like doing			24
Ask someone whether they like something			25
Reply to that question			25
Say that you prefer something			26
Say that something is good/reasonably good/very good/not very good/very bad			28
Ask whether something is good			28
Count up to 20			28

Ag ordú deochanna
Ordering drinks

ASKING SOMEONE WHAT THEY WANT

Cad é ba mhaith leat?	What would you like?
Cad é ba mhaith leatsa?	What would *you* like?
Cad é ba mhaith libh?	What would you like?
	(when speaking to more than one person.)

You can use the following when addressing a friend or family member:

Cad é atá de dhíth ort?	What do you want?
Cad é atá de dhíth oraibh?	What do you want?
	(when speaking to more than one person)

SAYING WHAT YOU WANT

Ba mhaith liom ...	I'd like ...
Ba mhaith liom cupa tae.	I'd like a cup of tea.

When responding to the question **Cad é ba mhaith leat?** you can drop **Ba mhaith liom** and simply say the name of the thing you want.

DEOCHANNA

caife	coffee
caife dubh	black coffee
caife bán	white coffee
tae	tea
tae láidir	strong tea
tae lag	weak tea
sú oráiste	orange juice
uisce	water

> Cad é ba
> mhaith leat?

◆ BEING COURTEOUS

… le do thoil.	… please.
Go raibh maith agat.	Thank you.
Maith thú.	Thanks.
Tá fáilte romhat.	You're welcome.
Tá fáilte romhaibh.	You're welcome.
	(when speaking to more than one person)

Listen to these examples.

—**Cad é ba mhaith leat?**
—**Caife dubh agus sú oráiste, le do thoil … Go raibh maith agat.**

—**Cad é ba mhaith leat?**
—**Caife bán, le do thoil.**

—**Cad é ba mhaith leat?**
—**Tae lag, le do thoil … Go raibh maith agat.**
—**Tá fáilte romhat.**

◆ ASKING SOMEONE IF THEY TAKE MILK OR SUGAR

An dtógann tú bainne?	Do you take milk?
An dtógann tú siúcra?	Do you take sugar?
Tógaim.	I do.
Ní thógaim.	I don't.

1 Can you now ask the following questions in Irish?

1. What would you like?
2. What would you like? (when speaking to more than one person)
3. What would *you* like?

2 Imagine you're in a café on several different occasions. Say what you want each time.

Waiter: **Cad é ba mhaith leat?**
Tell him you want a cup of black coffee.

Waiter: **Cad é ba mhaith leat?**
Tell him you want a cup of strong tea.

Waiter: **Cad é ba mhaith leat?**
Tell him you want a cup of weak tea.

Waiter: **An dtógann tú siúcra?**
Tell him you don't.

Waiter: **Cad é ba mhaith leat?**
Tell him you want a white coffee.

If you're in company and the question **Cad é ba mhaith libh?** is being addressed to the group as a whole, you can use **domhsa** and **liomsa** to answer specifically for yourself:

Caife dubh domhsa.	A black coffee for me.
Ba mhaith liomsa tae le bainne.	I'd like tea with milk.

 Listen to this example on the tape:

—**Cad é ba mhaith libh?**
—**Ba mhaith liomsa caife, le do thoil.**
—**Tae domhsa, le do thoil.**

◆ BEING MORE PRECISE

cupa	a cup
muga	a mug
pota tae	a pot of tea
gloine uisce	a glass of water
pionta beorach	a pint of beer
leathphionta	half a pint
buidéal	a bottle

 3   Imagine that you're out with friends on two different occasions. Order for yourself at the appropriate time.

Waiter: **Cad é ba mhaith libh?**
Friend: **Caife dubh agus gloine uisce domhsa, le do thoil.**

You ask for a pot of tea. Use **Ba mhaith liomsa …**

Waiter: **Cad é ba mhaith libh?**
Friend: **Ba mhaith liomsa cupa caife, le do thoil.**

You ask for a glass of orange juice and a cup of tea. Use **domhsa**.

DEOCHANNA   Drinks

beoir	beer
fíon bán	white wine
fíon dearg	red wine
uisce beatha	whiskey

'Cad é ba mhaith leat?'

◆ ASKING SOMEONE IF THEY WANT A PARTICULAR THING

Ar mhaith leat …?	Would you like …?
Ar mhaith libh …?	Would you like …?
	(when speaking to more than one person)
pionta beorach	a pint of beer
deoch	a drink
uisce beatha	(a) whiskey
leac oighir	ice

◆ GIVING YOUR REPLY

If you're asked the question **Ar mhaith leat …?** you can answer in the following ways:

Ba mhaith.	Yes (I would).
Níor mhaith.	No (I wouldn't).

◆ SAYING YOU'D PREFER SOMETHING

B'fhearr liom …	I'd prefer …
B'fhearr liom gloine uisce.	I'd prefer a glass of water.

Listen to some examples on the tape. You'll hear people being offered a choice of drinks. In some cases they would prefer something else altogether. Look out for **nó** (or).

—Ar mhaith leat fíon bán nó fíon dearg?
—Fíon bán, le do thoil.

—Ar mhaith leat uisce beatha?
—Níor mhaith. B'fhearr liom pionta beorach.

—Ar mhaith leat fíon dearg?
—B'fhearr liom gloine uisce, le do thoil.
—Ar mhaith leat leac oighir?
—Ba mhaith … Go raibh maith agat.

—Ar mhaith leat buidéal beorach nó uisce beatha?
—B'fhearr liom sú oráiste, le do thoil.
—Cinnte.
—Go raibh maith agat.
—Tá fáilte romhat.

4   You'll be offered drinks by four different people. See if you can give the
     specified answer.

Woman: **Ar mhaith leat caife?**
Say you'd prefer a cup of tea.

Man: **Ar mhaith leat gloine uisce beatha?**
Say, 'No, thank you.'

Woman: **Ar mhaith leat gloine beorach?**
Say you'd prefer a glass of orange juice.

Woman: **Ar mhaith leat leac oighir?**
Say you would.

'Ar mhaith leat caife?'

5   Look at the answers given below and try to write suitable questions.

1.   Person 1: _____

     Person 2: **Cupa tae, le do thoil.**

2.   Person 1: _____

     Person 2: **Níor mhaith, go raibh maith agat.**

3.   Person 1: _____

     Person 2: **Ba mhaith liomsa gloine 'Coke'.**

     Person 3: **Uisce beatha domhsa, le do thoil.**

FAISNÉIS

218-19

COUNTING THINGS

In Aonad 4 you learnt how to count up to six things. You saw how the
numbers 2–6 cause a *séimhiú* in words beginning with a consonant
(except **l**, **n**, and **r**):

trí <u>ch</u>aife   sé <u>gh</u>loine
cúig <u>ph</u>ionta

The numbers 7–10 cause an *urú* in words beginning with a consonant
(except **l**, **m**, **n**, **r**, and **s**) and in all words beginning with a vowel:

seacht <u>mb</u>uidéal   naoi <u>ng</u>loine
ocht <u>bp</u>ionta   deich <u>n-</u>oráiste
but
seacht sú oráiste

6   Tick the correct answer in each case.

1. **Seacht—**   2. **Trí—**
        cupa ☐   **ngloine** ☐
        gcupa ☐   **ghloine** ☐
        chupa ☐   **gloine** ☐

3. **Dhá—**   4. **Ocht—**
        oráiste ☐   **dheoch** ☐
        n-oráistí ☐   **ndeoch** ☐
        n-oráiste ☐   **deoch** ☐

7   You're feeling in a generous mood again! Listen to the tape, and when you're asked **Cad é ba mhaith leat?** order the things listed below.

1. Seven pints of beer.
2. Two coffees and three cups of tea.
3. Five glasses of orange juice.
4. Nine bottles of beer.
5. Eight orange juices.

◆ SAYING CHEERS!

Sláinte!   Cheers! (literally, Health!)

◆ TELLING SOMEONE THAT A DRINK IS THEIRS

… duitse.   … for *you*.
Pionta beorach duitse.   A pint of beer for you.
Seo do …   Here's your …
Seo do phionta.   Here's your pint.

EOLAS CULTÚRTHA

TRADITIONAL TOASTS

Sláinte mhaith agat i bhfad ó bhrón.
Good health, free from sorrow.

Sláinte do bheo agus trócaire do mharbh.
Health to the living and mercy on the dead.

Go mba fada a mhairfidh tú.
Long life to you.

FAISNÉIS

The word **duitse** means 'for you' or 'to you' and is made up of the following:

do (for / to) + **tú** (you) + **se** (which is used to add emphasis to **tú**).

Earlier we saw the word **domhsa**, which means 'for me' or 'to me' and is a combination of the following elements:

do (for / to) + **mé** (me) + **sa** (which is used to add emphasis to **mé**).

8   Unjumble this dialogue between a barman and a customer.

—**Leac oighir?**
—**Cad é ba mhaith leat?**
—**Rud ar bith eile?**
—**Cad é mar atá tú?**
—**Pionta beorach, le do thoil.**
—**Go maith, go raibh maith agat.**
—**Le do thoil.**
—**Gloine 'Coke'.**

Can you now do the following?	Yes	No	If not, go back to page
Ask someone what they want			30
Say what you want			30
Be courteous			31
Specify quantities of drinks			32
Name different drinks			32
Ask someone if they want a particular thing			33
Reply to that question			33
Say you'd prefer something else			33
Count up to ten things			34
Say 'Cheers'			35
Tell someone that a drink is theirs			35

Aonad 7

Ag rá cá bhfuil tú ag dul
Saying where you're going

◆ ASKING SOMEONE WHERE THEY'RE GOING

Cá bhfuil tú ag dul?	Where are you going?
Cá bhfuil tusa ag dul?	Where are *you* going?

◆ SAYING WHERE YOU'RE GOING

Tá mé ag dul ...	I'm going ...
Tá mé ag dul go ...	I'm going to ...
Tá mé ag dul go Leitir Ceanainn.	I'm going to Letterkenny.
Tá muid ag dul go dtí an garáiste.	We're going to the garage.

 When you're responding to the question **Cá bhfuil tú ag dul?** you can simply say **Go** or **Go dtí** and the name of the place. Listen to some examples on the tape.

—Cá bhfuil tú ag dul? —Cá bhfuil tú ag dul?
—Tá mé ag dul go Doire. —Go dtí an banc.

—Cá bhfuil sibh ag dul?
—Tá muid ag dul go dtí an siopa.

FACILITIES

banc	bank	ionad	shopping
oifig an phoist	post office	siopadóireachta	centre
garáiste	garage	ionad spóirt	sports centre
siopa	shop	teach tábhairne	pub
siopaí	shops	tithe tábhairne	pubs
siopa búistéara	butcher's shop	teach an phobail	church
siopa bróg	shoe shop	caife	cafe
siopa éadaigh	clothes shop	bialann	restaurant
ollmhargadh	supermarket	siopa poitigéara	chemist shop
		páirc	park

37

FAISNÉIS

 215

There are different ways of saying 'to' in Irish, depending on where you're going. **Go** is used in front of names of places and other nouns that are not preceded by the article **an** (the):

Go Baile Átha Cliath	To Dublin
Go hArd Mhacha*	To Armagh
Go Dún Pádraig	To Downpatrick

***Go** doesn't affect words that begin with a consonant, but if the name begins with a vowel, **h** is placed before it.

Go dtí is used before nouns that *are* preceded by the article:
Tá mé ag dul go dtí an t-ospidéal.   I'm going to the hospital.

The word **chuig** is used instead of **go** or **go dtí** when you're talking about going to an event or to see a person. We'll deal with **chuig** in more detail in Aonad 11.

 Listen to some more people saying where they're going.

—**Cá bhfuil sibh ag dul?**
—**Tá muid ag dul go Baile Átha Cliath.**

—**Cá bhfuil tú ag dul?**
—**Go dtí an siopa agus ansin go dtí an t-ionad spóirt.**

—**Cá bhfuil sibh ag dul?**
—**Tá muid ag dul go dtí an bhialann.**

—**Cá bhfuil tú ag dul?**
—**Go Béal Feirste.**

'Cá bhfuil tú ag dul?'

 1   Decide whether you use **go** or **go dtí** in the following cases.

1. I'm going to Sligo (**Sligeach**).
2. I'm going to the shopping centre.
3. Anna's going to Coleraine (**Cúil Raithin**).
4. I'm going to the sports centre.

2   Fill in the blanks below, using either **go** or **go dtí** , as appropriate.

1. Tá mé ag dul _____ teach an phobail.
2. Tá mé ag dul _____ Sligeach.
3. Tá muid ag dul _____ an bhialann.

4.   Tá Sorcha ag dul _____ an Cabhán.

5.   Tá Dónall ag dul _____ hoifig an phoist.

6.   Tá mé ag dul _____ an t-ionad spóirt.

FAISNÉIS

207-8

Masculine and feminine nouns behave in different ways when they're preceded by the definite article, **an**. Look at the examples below:

Masculine	*Feminine*
Words beginning with a consonant:	
an banc	**an <u>bh</u>ialann**
Words beginning with **s**:	
an siopa	**an <u>t</u>sráid**
Words beginning with a vowel:	
an <u>t</u>-ollmhargadh	**an oifig**

Keep an eye out for this, but don't worry too much about it at this stage!

3   You'll hear some people on the tape being asked where they're going. Try to answer before they do.

—Cá bhfuil tú ag dul?
Say, 'I'm going to the chemist's shop. Where are *you* going?'

—Cá bhfuil tú ag dul?
Say, 'I'm going to the restaurant and then to the pub.'

—Cá bhfuil tú ag dul?
Say, 'To the garage. Where are *you* going?'

4   Place the article, **an**, before the nouns below, using the information in 'Faisnéis' above.

caife (*masc.*)   _____

amharclann (*fem.*)   _____

garáiste (*masc.*)   _____

teach tábhairne (*masc.*)   _____

páirc (*fem.*)   _____

pictiúrlann (cinema) (*fem.*)   _____

sólann (leisure centre) (*fem.*)   _____

aerfort (airport) (*masc.*)   _____

5   Imagine that your name is Peadar and you're going shopping with your son Liam and your daughters Eibhlín and Laura. You meet a friend in town. Listen to the tape and respond to her questions.

Friend: **Á, a Pheadair, cad é mar atá tú?**
Say, 'Fine, thank you,' and ask her how *she* is.

Friend: **Go breá. Tá drochlá ann.**
Agree with her.

Friend: **Cé hiad seo?**
Introduce your son and your daughters.

Friend: **Cad é mar atá sibh? Cá bhfuil sibh ag dul?**
Say you're going to the post office and then to the supermarket, and ask her where *she's* going.

Friend: **Tá mé ag dul abhaile.**

◆ ASKING SOMEONE WHAT TIME OR WHEN THEY'RE GOING SOMEWHERE

Cad é an t-am?	What time?
Cad é an t-am atá tú ag dul go Dún Geanainn?	What time are you going to Dungannon?
Cá huair?	When?
Cá huair atá tú ag dul go Corcaigh?	When are you going to Cork?

◆ SAYING WHEN YOU'RE GOING SOMEWHERE

Tá mé ag dul go Gaillimh …	I'm going to Galway …
ag a dó a chlog	at two o' clock
i gceann leathuair an chloig	in half an hour
i gceann uair an chloig	in an hour's time
i gceann trí huaire go leith	in three-and-a-half hours' time
anois	now
níos moille	later
i gceann tamaill	in a while
tráthnóna	in the evening
anocht	tonight
ar maidin	in the morning
amárach	tomorrow

'Cá huair atá tú ag dul go Corcaigh?'
'Tráthnóna.'

Listen to some people saying when they're going somewhere.

—**Cad é an t-am atá tú ag dul go Gaillimh?**
—**I gceann leathuair an chloig.**

—**Cá huair atá tú ag dul go hoifig an phoist?**
—**Tá mé ag dul níos moille.**

—**A Shíle, cá huair atá tú ag dul go Béal Feirste?**
—**Anocht.**

FAISNÉIS

 219-20

The word **uair** is irregular when preceded by numbers:

uair	an hour
dhá uair	two hours
trí ... sé huaire	three ... six hours
seacht ... deich n-uaire	seven ... ten hours

This word occurs quite frequently in everyday speech, so it's well worth learning the different forms.

 6 Imagine that you're asked on five different occasions when you're going somewhere. Give the appropriate answer in each case.

—**Cá huair atá tú ag dul go dtí an garáiste?**
Say, 'I'm going in a while.'

—**Cad é an t-am atá tú ag dul abhaile?**
Say, 'I'm going in half an hour's time.'

—**Cá huair atá tú ag dul go dtí an teach tábhairne?**
Say, 'I'm going now.'

—**Cá huair atá tú ag dul go hAontroim?**
Say, 'I'm going tomorrow morning.'

SAYING IT'S ALMOST A CERTAIN TIME

Tá sé chóir a bheith ...	It's almost ...
Tá sé chóir a bheith a dó a chlog.	It's almost two o' clock.
Tá sé chóir a bheith a seacht.	It's almost seven.
Tá sé chóir a bheith leath i ndiaidh a haon.	It's almost half one.

7   Look at the time zones map and say what time it is in each place mentioned
    at no. 1–6 if it's midday in London. Also say whether it's—

ar maidin	in the morning	**tráthnóna**	in the evening
meán lae	midday	**san oíche**	at night
san iarnóin	in the afternoon		

-11 -10 -9 -8 -7 -6 -5 -4 -3 -2 -1 0 +1 +2 +3 +4 +5 +6 +7 +8 +9 +10+11+12

1. Tá sé a _____ a chlog _____ i bPáras.

2. Tá sé a _____ a chlog _____ i Melbourne.

3. Tá sé a _____ a chlog _____ i Los Angeles.

4. Tá sé a _____ a chlog _____ i Meicsiceo.

5. Tá sé a _____ a chlog _____ i gCaracas.

6. Tá sé a _____ a chlog _____ i Hong Kong.

Can you now do the following?	Yes	No	If not, go back to page
Ask someone where they're going			37
Say where you're going			37
Name facilities			37
Ask someone when they're going somewhere			40
Say when you're going somewhere			40
Say it's almost a certain time			41

Ag plé postanna
Discussing jobs

SAYING WHAT JOB YOU DO

Is ... mé.

or

... atá ionam.   I'm a ...

Is feirmeoir mé.   I'm a farmer.

Siopadóir atá ionam.   I'm a shopkeeper.

ASKING SOMEONE WHAT JOB THEY DO

Cad é an post atá agat?   What job do you do?

Cad é an tslí bheatha atá agat?   What do you do for a living?

 Listen to people saying what they do for a living.

—Cad é an post atá agat?

—Is oibrí monarchan mé.

—Cad é an tslí bheatha atá agat?

—Banaltra atá ionam.

—Cad é an post atá agat?

—Dochtúir atá ionam.

—Cad é an tslí bheatha atá agat?

—Is tiománaí mé.

POSTANNA

búistéir	butcher
meicneoir	mechanic
bean tí	housewife
múinteoir	teacher
rúnaí	secretary
oibrí monarchan	factory worker
banaltra	nurse
dochtúir	doctor
tiománaí	driver
bainisteoir	manager
freastalaí	waiter/shop assistant
tógálaí	builder

1 Imagine that you're the person being asked the question in each of the following.

1. **Cad é an tslí bheatha atá agat?**
   Say, 'I'm a farmer.'

2. **Cad é an post atá agat?**
   Say, 'I'm a mechanic.'

3. **Cad é an tslí bheatha atá agat?**
   Say, 'I'm a nurse.'

◆ ASKING SOMEONE WHERE THEY WORK

Cá bhfuil tú ag obair?   Where do you work?

◆ SAYING WHERE YOU WORK

Tá mé ag obair …	I work …
i monarcha	in a factory
in oifig	in an office
i siopa	in a shop
i mbunscoil	in a primary school
i meánscoil	in a secondary school
in otharlann	in a hospital
in óstán	in a hotel
i gcaife	in a café
i mbialann	in a restaurant
i ngaráiste	in a garage

 Listen to some people saying what they do and where they work.

**Remember
i before
consonants and
in before
vowels**

—Is bainisteoir mé. Tá mé ag obair i monarcha i mBéal Feirste.
—Is freastalaí mé. Tá mé ag obair in óstán i nDún na nGall.
—Dochtúir atá ionam. Tá mé ag obair in otharlann i Londain.
—Siopadóir atá ionam. Tá siopa bróg agam i nDoire.

◆ SAYING WHAT TYPE OF BUSINESS YOU HAVE

Tá siopa bróg agam.	I have a shoe shop.
Tá siopa leabhar agam.	I have a bookshop.
Tá bácús agam.	I have a bakery.
Tá teach lóistín agam.	I have a guesthouse.

2   See if you can now say the following in Irish. Check your answers on the tape.

1.   What do you do for a living?
2.   I'm a butcher.
3.   I work in a garage.

4.   I have a bakery.
5.   Where do you work?
6.   I work in a hospital.

ASKING SOMEONE IF THEY LIKE THEIR JOB

An maith leat ...
do phost?
do chuid oibre?

Do you like ...
your job?
your work?

3   You've already learnt how to answer questions beginning with **An maith leat ...?** in Aonad 5. (If you want to do a quick recap, go back to page 25.) In this exercise people are being asked what they do and whether or not they like their work. Try to answer before they do.

1.   —**Cad é an post atá agat?**
     Say, 'I'm a teacher.'

     —**An maith leat do phost?**
     Say, 'I really like it.'

2.   —**Cad é an tslí bheatha atá agat?**
     Say, 'I'm a secretary.'

     —**An maith leat do chuid oibre?**
     Say, 'It's all right.'

3.   —**Cá bhfuil tú ag obair?**
     Say, 'I work in a restaurant.'

     —**An maith leat an post sin?**
     Say, 'I hate it.'

'Cad é an post atá agat?'

SAYING YOU'RE NOT WORKING

Níl mé ag obair
... faoi láthair.
Níl post ar bith agam.
Tá mé dífhostaithe.
Tá mé éirithe as.

I'm not working
... at the moment.
I have no job.
I'm unemployed.
I'm retired.

4   Imagine that you meet a friend called Anna, whom you haven't seen in a couple of years. See if you can answer her questions.

Anna: **Haló! Cad é mar atá tú?**
Say, 'Fine, thank you. And yourself?'

Anna: **Ó, go breá. Cá bhfuil tú ag obair anois?**
Say, 'I'm not working at the moment. Where are *you* working?'

Anna: **Bhuel, bhí mé ag obair i monarcha ach tá mé éirithe as anois.**

An maith leat do phost?

ASKING SOMEONE WHAT JOB THEY HAD

Cad é an post a bhí agat?   What job did you have?

SAYING WHAT JOB YOU HAD

Ba ... mé
or
... a bhí ionam.   I was a ...
Ba mhúinteoir mé.   I was a teacher.
Rúnaí a bhí ionam.   I was a secretary.

 FAISNÉIS   229-30

You use **Is** to refer to the job you have at the moment but **Ba** when you're talking about the work you did in the past:

Present tense   *Past tense*
Is dochtúir mé.   **Ba dhochtúir mé.**

Ba causes a *séimhiú* in words beginning with a consonant (except **l**, **n**, or **r**). It is shortened to **b'** before a vowel or **fh** + vowel:

Ba mheicneoir mé.
B'oibrí monarchan mé.
B'fheirmeoir mé.

ASKING SOMEONE IF THEY DO A SPECIFIC JOB

An dochtúir tú?   Are you a doctor?
An rúnaí tú?   Are you a secretary?

You can answer this question in the following ways:

Is ea.	Yes (I am).
Ní hea.	No (I'm not).

 Listen to some examples on the tape.

—**Gabh mo leithscéal. An freastalaí tú?**
—**Is ea.**
—**Ba mhaith liom cupa caife, le do thoil.**
—**Cinnte.**

—**An múinteoir meánscoile tú?**
—**Ní hea, múinteoir bunscoile.**

 5   See if you can answer the following
      questions:

—**Cad é an post a bhí agat?**

Say, 'I was a driver.'

—**An rúnaí tú?**

Say, 'Yes (I am).'

—**An tiomanaí tú anois?**

Say, 'No (I'm not).'

—**An maith leat do chuid oibre?**

Say, 'I don't like it at all.'

—**Agus cá bhfuil tú ag obair anois?**

Say, 'I work in an office.'

6   **Tú féin!**
      If you're working, say what you do, where you work, and whether or not
      you like your job.

Can you now do the following?	Yes	No	If not, go back to page
Say what job you do			43
Ask someone what job they do			43
Ask someone where they work			44
Say where you work			44
Say what type of business you have			44
Ask someone if they like their job			45
Say you're not working			45
Ask someone what job they had			46
Say what job you had			46
Ask someone if they do a specific job			46

Ag tabhairt orduithe agus treoracha
Giving orders and instructions

◆ TELLING SOMEONE TO COME IN

Tar isteach.   Come in.
Tagaigí isteach.
(plural)

or
Taraigí isteach.   Come in.
(plural)

'Tar isteach.'

◆ TELLING SOMEONE TO SIT DOWN

Suigh síos.   Sit down.
Suígí síos.   Sit down.
(plural)

◆ WARNING SOMEONE

Coimhéad!   Look out!
                                   or
                                   Be careful!

Coimhéadaigí!
(plural)

Coimhéad an phéint!   Mind the paint!

Listen to this example on the tape.

—Á, a Lisa, tar isteach. Cad é mar atá tú?
—Go maith, go raibh maith agat.
—Suigh síos. Ar mhaith leat cupa tae?
—B'fhearr liom cupa caife, le do thoil.
—Cinnte.

FAISNÉIS

The instructions above are neutral and can be used when speaking to children and to adults, formally or informally.

The remaining phrases in this unit, however, are usually only used when addressing children or a close friend. (They're also used occasionally when someone is too annoyed to use the more polite form!)

So don't use the orders and instructions below when you're speaking to someone who isn't a member of the family or a friend, because you might cause offence.

We'll be dealing with more polite instructions later in the course!

TELLING SOMEONE TO WAIT

Fan bomaite.   Wait a minute.
Fanaigí bomaite.
(plural)

TELLING SOMEONE TO STOP

Stad!   Stop!
Stadaigí!
(plural)

Ná déan sin.   Don't do that.
Ná déanaigí sin.
(plural)

'Fan bomaite, le do thoil.'

◆ TELLING SOMEONE TO BE QUIET

Ciúnas!	Quiet!
Bí ciúin!	Be quiet!
Bígí ciúin!	
(plural)	

Bí sualmhneach!	Be quiet!
Bígí suaimhneach!	
(plural)	

Fan socair!	Stay quiet!
Fanaigí socair!	
(plural)	

 Listen to some examples on the tape.

—**Ná déan sin, a Rónáin.**

—**A Rónáin! Stad!**

—**Ciúnas, le bhur dtoil … Go raibh maith agaibh.**

—**Bígí ciúin!**

—**Fan socair, a Phádraig. Suigh síos, le do thoil.**

 1   Can you now say the following in Irish? In the first three, you're talking to one person.

1. Come in.
2. Sit down.
3. Look out!

You're talking to *more than one* person in the next three.

4. Wait a minute.
5. Stop.
6. Be quiet!

◆ TELLING SOMEONE TO GO OR TO CARRY ON

Gabh amach!	Get out!
Gabhaigí amach!	
(plural)	

Imigh leat!	Go away!
Imigí libh!	
(plural)	

If you want to let someone go ahead of you—in a queue, for example—or if you don't want to interrupt someone, you can use the following:

Lean ort.   Carry on.
Leanaigí oraibh
(plural)

◆ CALLING SOMEONE

Tar anseo.   Come here.
Tagaigí anseo.
(plural)
or
Taraigí anseo.
Goitse.   Come here.
Goitsigí.
(plural)

Goitse can also be used when you're leaving and when you want someone to come with you.

Goitse.   Come on.

2   Decide which orders or instructions are being given in the different situations shown on this page.

3   What would you say in the following situations?

1.   Your children are making far too much noise.
2.   Your friend is reversing and doesn't see the dog that's walking behind the car.
3.   You're offering someone a seat.
4.   Someone is rushing you but you have one last thing to do.
5.   Your four-year-old is scribbling on the wallpaper.
6.   You're leaving and you want your brother to come with you.

◆ AROUND THE HOUSE

Druid an doras.	Shut the door.
Druidigí an doras.	
(plural)	

Oscail an fhuinneog.	Open the window.
Osclaígí an fhuinneog.	
(plural)	

In Donegal an **f** is placed before **oscail** in everyday speech but it is generally not written.

Gabh a luí.	Go to bed.
Gabhaigí a luí.	
(plural)	

Éirigh!	Get up!
Éirígí!	
(plural)	

Déan deifir!	Hurry up!
Déanaigí deifir!	
(plural)	

 Listen to some of the above phrases on the tape, and look out for: **Tá sibh mall** (You're late).

—A Éamainn! Gabh a luí! Tá sé a haon déag a chlog.

—Éirígí, a pháistí. Tá sé ceathrú i ndiaidh a hocht. Déanaigí deifir.
Tá sibh mall.

Éirigh!

FAISNÉIS

SPELLING: THE GOLDEN RULE

The following rule applies when you're spelling in Irish:

Caol le caol agus leathan le leathan.

(*Slender* with *slender* and *broad* with *broad.*)

This refers to the type of vowel on each side of a consonant or group of consonants. The broad vowels are **a**, **o**, and **u**, and the slender ones are **e** and **i**.

Therefore, the vowels on each side of a consonant must match in words made up of more than one syllable:

Broad vowels	*Slender vowels*
fanaigí	imígí
ólaigí	goitsigí

---

4   Give the appropriate orders or instructions.

1.   You'd like a window opened.
2.   You have an important call to make but your brother has been on the phone for twenty minutes.
3.   A visitor to the house is about to trip over the rug.
4.   You want your children to go to bed.
5.   The room is becoming very cold.
6.   Someone wearing muddy boots is walking on your newly washed floor.

Can you now do the following?	Yes	No	If not, go back to page
Tell someone to come in			48
Tell someone to sit down			48
Warn someone			48
Tell someone to wait			49
Tell someone to stop			49
Tell someone to keep quiet			50
Tell someone to go			50
Call someone			51
Give instructions around the house			52

◆ SAYING WHAT YOUR MARITAL STATUS IS

Tá mé pósta.	I'm married.
Níl mé pósta.	I'm not married.
Tá mé singil.	I'm single.
Tá mé scartha	I'm separated
... ó mo bhean (chéile).	... from my wife.
... ó m'fhear (céile).	... from my husband.
Is baintreach mé.	I'm a widow/widower.

◆ ASKING SOMEONE WHAT THEIR MARITAL STATUS IS

An bhfuil tú pósta?	Are you married?

Here are some possible answers:

Tá.	Yes.
Níl.	No.
Níl go fóill.	Not yet.
Tá mé geallta.	I'm engaged.

 Listen to people using some of the phrases you've learnt so far.

—An bhfuil tú pósta?
—Tá, ach tá mé scartha ó mo bhean chéile. An bhfuil tusa pósta, a Shinéad?
—Níl go fóill.

—An bhfuil tú pósta?
—Is baintreach mé. An bhfuil tú féin pósta?
—Tá mé geallta.

◆ ASKING SOMEONE IF THEY HAVE CHILDREN

An bhfuil clann agat?   Have you children?
or
An bhfuil páistí agat?
An bhfuil clann agaibh?
(plural)

◆ SAYING THAT YOU HAVE OR HAVEN'T GOT CHILDREN

Tá clann agam/againn.	I/we have children.
mac	a son
iníon	a daughter
Níl páistí ar bith agam/againn.	I/we have no children.
Tá mé ag súil le páiste.	I'm expecting a child.
Tá mé ag súil le leanbh.	I'm expecting a baby.
Tá mé torrach.	I'm pregnant.

Remember, though, that **Tá** or **Níl** will suffice when answering a question like **An bhfuil clann agat?**

—An bhfuil tú pósta, a
Vera?
—Tá.
—An bhfuil clann agat?
—Níl go fóill. An bhfuil
clann agat féin?

—An bhfuil páistí agaibh?
—Tá, mac agus iníon. Agus
tá muid ag súil le páiste.

The word **teaghlach** is used to refer to the family as a whole, including parents, whereas **clann** refers to the children of a family. **Páistí** refers to children in general and is also used interchangeably with **clann**.

1 You'll hear four people being asked about their marital status and also whether or not they have children. Try to answer before they do.

1. Síle is married with a son and a daughter.
2. Niamh is not married.
3. Micheál is separated from his wife. He has a son.
4. Alex is a widower. He has no children.

BOYS AND GIRLS

The following words are used to refer to boys and girls:

cailín	girl
cailíní	girls
or	
girseach	girl
girseachaí	girls
buachaill	boy
buachaillí	boys
or	
gasúr	boy
gasúraí	boys

◆ ASKING SOMEONE HOW MEMBERS OF THEIR FAMILY ARE

Cad é mar atá do chlann?   How are your children?
(When speaking to one person)
or
Cad é mar atá do chuid páistí?

This is how you return the question:

Cad é mar atá do chlann<u>sa</u>?   How are *your* children?
or
Cad é mar atá do chuid páist<u>íse</u>?

FAISNÉIS

The Irish equivalents of words like 'my' and 'your' that denote possession affect words in different ways:

mo (my)	mo <u>mh</u>ac	m'iníon
do (your)	do <u>mh</u>áthair	d'athair
a (his)	a <u>bh</u>ean	a iníon
a (her)	a fear	a <u>h</u>athair
ár (our)	ár <u>b</u>páistí	ár <u>n</u>-athair
bhur (your)	bhur <u>g</u>clann	bhur <u>n</u>-iníon
a (their)	a <u>b</u>páistí	a <u>n</u>-athair

Mo and the other words above that denote possession are never stressed in everyday speech. You add certain endings in order to add emphasis:

mo mhac<u>sa</u>	*my* son
do mháthair<u>se</u>	*your* mother
d'iníon<u>sa</u>	*your* daughter

---

2   Can you write the following in Irish?

1.   How are your children? (Speaking to one person)
2.   How are your children? (Speaking to more than one person)
3.   How's her mother?
4.   How's his son?
5.   How's their daughter?
6.   How's her father?

3   Imagine you're married to Pat and you have a son called Brian. You meet a friend who's a widower and whom you haven't seen in several years. He also has one son. Listen to the tape and answer his questions.

Friend: **Cá bhfuil tú i do chónaí anois?**
Say you live in Belfast, and ask him where *he* lives.

Friend: **I Ros Treabhair. Cad é mar atá Pat agus do mhac Brian?**
Say they're fine, and ask how *his* son is.

Friend: **Á, tá sé go breá. Cá bhfuil tú ag obair anois?**
Say you work in a factory in Carrickfergus (Carraig Fhearghais).

ASKING SOMEONE HOW MANY CHILDREN THEY HAVE

Cá mhéad páiste atá agat? How many children have you?

Note that the singular form of the noun is used after **Cá mhéad?**

Cá mhéad cailín atá agat? How many girls have you?

COUNTING PEOPLE

duine amháin	one person	The nouns following the personal numbers
beirt	two people	are usually in the *genitive plural* (although
triúr	three people	some of the nouns look exactly as they do
ceathrar	four people	in the nominative singular). Just learn the
cúigear	five people	following examples for now:
seisear	six people	
seachtar	seven people	**seisear iníonacha**
ochtar	eight people	**triúr mac**
naonúr	nine people	**ceathrar buachaillí**
deichniúr	ten people	**cúigear cailíní**

One last thing to remember: words beginning with a consonant take a *séimhiú* after **beirt**.

beirt <u>mh</u>ac
This rule doesn't apply to the other personal numbers.

---

 4   Can you say the following in Irish?

1. Three daughters
2. One son
3. Four boys
4. Two girls

5   Write the description in Irish beside each picture. (The first one has been done for you.)

1. Two boys

    Beirt bhuachaillí

2. Four girls

3. One daughter

_____   _____

4. Four sons

5. Two daughters

6. Three daughters

_____   _____   _____

6   Susan Ní Fhlaithearta has two sons and a daughter. She has recently
     moved to another area and is getting to know her new neighbour. Fill in
     the blanks in their conversation.

Neighbour: **Cá** _____ **páiste atá** _____ **?**
Susan: **Beirt** _____ **agus iníon** _____ **. An bhfuil tú féin** _____ **?**
Neighbour: **Tá mé scartha ó m'** _____ **céile. Tá ceathrar páistí agam:**
    mac amháin agus _____ **iníonacha.**

◆ SAYING WHAT YOUR CHILDREN ARE DOING

> Tá duine amháin acu ar an ollscoil.

Tá … acu ar an scoil.	… of them are at school.
Tá beirt acu ar an scoil.	Two of them are at school.
Tá duine amháin acu sa naíonra.	One of them is in playschool.
Tá Síle ar an bhunscoil.	Síle is at primary school.
Tá Aodh ar an mheánscoil.	Aodh is at secondary school.
Tá Nóra ar an ollscoil.	Nóra is at university.

7   You'll hear four different people talking about their children. Try to anticipate what they're going to say.

1.   Jennifer has three children. One of them is at primary school and two of them are at secondary school.
2.   Robert has four children. Two of them are at university and two of them are at secondary school.
3.   Anne has one son; he's in playschool. She's expecting a baby.

8   Tú féin!

Say what your own marital status is. If you have any children, say how many and what they're doing.

Can you now do the following?	Yes	No	If not, go back to page
Say what your marital status is			54
Ask someone what their marital status is			54
Ask someone if they have children			55
Say that you have or haven't got children			55
Ask someone how members of their family are			56
Ask someone how many children they have			58
Count to ten people			58
Say what your children are doing			59

Ag rá cad é a rinne tú
Saying what you did

AONAD 11

◆ ASKING SOMEONE WHERE THEY WENT

Cá háit a ndeachaigh* tú?	Where did you go?
Cá háit a ndeachaigh* tú inné?	Where did you go yesterday?

*The **n** at the beginning of this word is not pronounced in the Ulster dialect.

◆ ASKING SOMEONE WHAT THEY DID

Cad é a rinne tú?	What did you do?
Cad é a rinne tú ag an deireadh seachtaine?	What did you do at the weekend?

◆ REFERRING TO THE RECENT PAST

inné	yesterday
arú inné	the day before yesterday
aréir	last night
arú aréir	the night before last
maidin inné	yesterday morning
maidin inniu	this morning

1 Can you say the following in Irish?

1. What did you do the day before yesterday?
2. Where did you go yesterday morning?
3. What did you do this morning?
4. Where did you go the night before last?

'Cad é a rinne tú ag an deireadh seachtaine?'

◆ SAYING YOU WENT SOMEWHERE

Chuaigh mé …	I went …
Chuaigh mé ag snámh.	I went swimming.
Chuaigh muid ag rothaíocht.	We went cycling.

 Listen to some people saying what they did in the recent past.

—**Cad é a rinne tú inné?**
—**Chuaigh mé go hArd Mhacha.**

—**Cad é a rinne tú ag an deireadh seachtaine?**
—**Chuaigh mé féin agus Sinéad ag rothaíocht.**

—**Cá háit a ndeachaigh sibh maidin inniu?**
—**Ag snámh.**

Cad é a rinne tú ag an deireadh seachtaine?

Chuaigh mé ag snámh.

◆ SAYING WHAT YOU DID

Bhí mé ag bainis.	I was at a wedding.
D'imir mé cispheil.	I played basketball.
D'amharc mé ar fhíseáin.	I watched videos.
D'éist mé le dlúthdhioscaí.	I listened to CDs.
D'ól mé cúpla deoch.	I had a few drinks.

2   You'll hear six people being asked what they did in the recent past. Try to answer before they do.

1. I played tennis.
2. I watched television.
3. I went to a play.
4. I listened to music.
5. I watched a film.
6. I drank a few pints.

3   It's Wednesday night, and Monica is telling a friend what she's been doing since Monday. Using the information in her diary, fill the blanks in the conversation with words from the box.

	Mon.	Tue.	Wed.
10:00	Dochtúir		Garáiste + oifig an phoist
11:00		Caife le Martina	
12:00			
1:00			
2:00			
3:00			
4:00		Cluiche leadóige	
5:00			
6:00			
7:00			
8:00	Scannán		
9:00		Deoch le hÉamann	

'Chuaigh mé chuig an dochtúir arú _____ agus chuig scannán le Dáithí agus Deirdre _____. D'ól mé cupa caife le Martina _____ inné, d'imir mé cluiche leadóige le Siobhán, agus ansin d'ól mé féin agus Éamann cúpla deoch _____. Chuaigh mé go dtí an garáiste _____ agus go hoifig an phoist fosta.'

inné
maidin
aréir
arú aréir
maidin inniu

63

FAISNÉIS

 222-4

THE PAST TENSE

In the case of regular verbs, the past tense is formed by adding a *séimhiú* to the *imperative* of the verb if it begins with a consonant:

suigh síos (sit down)   **shuigh sé síos** (he sat down)
druid (close)   **dhruid sí** (she closed)

If the verb begins with an **f** or with a vowel, you place **d'** before it:

ól (drink)   **d'ól mé** (I drank)
fan (wait)   **d'fhan mé** (I waited)

IRREGULAR VERBS

As we mentioned before, Irish has only a handful of verbs that don't follow all the rules. Here are the past-tense forms of those verbs:

bhí mé (I was)   **chonaic sibh** (you saw)
rinne mé (I did)   **thug siad** (they gave)
chuala tú (you heard)   **chuaigh mé** (I went)
dúirt sé (he said)   **rug sí ar** (she caught)
fuair sí (she got)   **tháinig sé** (he came)
d'ith muid (we ate)

---

 4   Try saying the following in Irish.

1. I saw Brian yesterday.
2. I went to Belfast at the weekend.
3. I drank two pints last night.
4. Síle came yesterday morning.
5. I was in Derry the day before yesterday.

THE DAYS OF THE WEEK

Dé Luain	Monday
Dé Máirt	Tuesday
Dé Céadaoin	Wednesday
Déardaoin	Thursday
Dé hAoine	Friday
Dé Sathairn	Saturday
Dé Domhnaigh	Sunday

There's no need to place anything before the days of the week in Irish if you want to say 'on a particular day':

Chonaic mé Síle   I saw Síle on
     Dé Luain.   Monday.

FAISNÉIS

The days of the week aren't affected if they're preceded by the words **maidin** and **tráthnóna**:

maidin Dé Máirt　　　Tuesday morning
tráthnóna Déardaoin　　Thursday evening

After **oíche**, however, **Dé** is dropped and a *séimhiú* is added:

oíche <u>Mh</u>áirt　　　Tuesday night
oíche <u>Sh</u>athairn　　Saturday night

Luain remains the same, and **Dé hAoine** loses its **h**:

oíche Luain　　　Monday night
oíche Aoine　　　Friday night

'Cá huair a chuaigh tú go Leitir Ceanainn?'

 Listen to these examples on the tape.

—Chífidh mé maidin Dé hAoine tú.
—Maith go leor. Slán.

—Tháinig Máirín tráthnóna Dé Sathairn.
—Ó. Cad é an t-am?
—Thart fá leath i ndiaidh a hocht.

ASKING SOMEONE WHEN THEY WENT SOMEWHERE

Cá huair?　　　　　　　When?
Cá huair a chuaigh tú go Leitir Ceanainn?　　　When did you go to Letterkenny?
Cén lá a chuaigh tú go Leitir Ceanainn?　　　What day did you go to Letterkenny?

 5　Listen to different people being asked when they went somewhere. Answer before they do.

1.　On Tuesday morning.
2.　On Saturday night.
3.　On Friday evening.
4.　On Monday.
5.　On Wednesday night.

ASKING SOMEONE WHO WAS WITH THEM

Cé a bhí leat?　　　　Who was with you?
Cé a chuaigh leat?　　Who went with you?

◆ GIVING A RESPONSE

Mo chara.	My friend.
Mo chara Liam.	My friend Liam.
Mo chairde.	My friends.

 6   You'll hear four people saying they went somewhere and then being asked who accompanied them. Try to answer before they do.

1. My friend Jackie.
2. My mother.
3. My friends Susan and Tríona.
4. My father.

◆ ASKING SOMEONE IF THEY ENJOYED SOMETHING

Ar bhain tú sult as?	Did you enjoy it?
Ar bhain tú sult as an dráma?	Did you enjoy the play?
Ar bhain tú sult as an deireadh seachtaine?	Did you enjoy the weekend?

◆ GIVING YOUR REPLY

Bhain.	Yes (I did).
Níor bhain.	No (I didn't).
Bhain mé an-sult as.	I really enjoyed it.

 # FAISNÉIS

 215

In Aonad 7 we saw three different words that are used to say 'to' in Irish:

go hArd Mhacha	to Armagh
go dtí an banc	to the bank
chuig dráma	to a play

Chuig is used when you're talking about going to an event, an appointment, or a meeting. **Chuig** is also used when you're referring to sending something (such as a letter), or to motion:

Chuaigh mé chuig an dochtúir.	I went to the doctor
Chuir mé litir chuig Anna.	I sent a letter to Anna.
Chaith sé cnámh chuig an mhadadh.	He threw a bone to the dog.

7   Fill the blanks below using **go**, **go dtí**, or **chuig**.

1.   **Chuaigh muid _____ an t-aerfort aréir.**

2.   **Chuaigh Breandán _____ cluiche peile Dé Domhnaigh.**

3.   **Chuaigh mé _____ bainis Dé Sathairn.**

4.   **Chuaigh Bernadette _____ hoifig an phoist ar maidin.**

5.   **Chuaigh mé féin agus Marion _____ scannán oíche Dhomhnaigh.**

8   Imagine that you're chatting to a friend at work about your weekend. Answer her questions, and also find out what she did at the weekend.

Ar bhain tú sult as an chluiche peile?

Níor bhain!

—**Cad é a rinne tú ag an deireadh seachtaine?**

Say you went to a disco on Friday night and shopping on Saturday.

—**Ó. Cé a chuaigh chuig an dioscó leat?**

Say your friends Rosie and Jean, and ask her what she did herself at the weekend.

—**Chuaigh mé chuig scannán úr Tom Cruise oíche Aoine agus go Béal Feirste maidin Dé Sathairn.**

Ask her if she enjoyed the film.

—**Bhain mé an-sult as.**

Can you now do the following?	Yes	No	If not, go back to page
Ask someone where they went			61
Ask someone what they did			61
Refer to the recent past			61
Say that you went somewhere			62
Say what you did			62
Ask someone when they went somewhere			65
Respond to that question			65
Ask someone who went with them			65
Respond to that question			66
Ask someone if they enjoyed something			66
Respond to that question			66

Ag fágáil comhluadair
Taking your leave

◆ SAYING YOU HAVE TO GO

Caithfidh mé imeacht.	I have to go.
Caithfidh mé imeacht arís.	I have to go again.
Tá mé ag imeacht.	I'm going.
Tá mé ag dul abhaile.	
or	
Tá mé ag dul chun an bhaile.	I'm going home.

◆ GIVING YOUR RESPONSE

Maith go leor.	
or	
Ceart go leor.	All right.
Is mór an trua sin.	That's a pity.
Cheana féin!	Already!
Níl sé ach luath.	It's only early.

◆ ASKING WHY

Cad chuige?	Why?

◆ SAYING YOU'RE SORRY

Tá brón orm ach …	
or	
Tá mé buartha ach …	I'm sorry but …

◆ SAYING WHY YOU HAVE TO GO

Tá mé tuirseach.	I'm tired.
Tá mé an-tuirseach.	I'm very tired.
Tá sé mall.	It's late.
Tá sé an-mhall.	It's very late.
Tá mé mall.	I'm late.

Tá mé mall don dráma.	I'm late for the play.
Tá deifir orm.	I'm in a hurry.
Tá mé ag súil le cuairteoirí.	I'm expecting visitors.
Tá mé ag dul chuig cruinniú.	I'm going to a meeting.

 Have a listen to some people taking their leave.

—**Caithfidh mé imeacht, a Thomáis.**
—**Cad chuige? Níl sé ach luath.**
—**Tá mé ag dul chuig cruinniú.**
—**Maith go leor.**

—**Tá muid ag imeacht chun an bhaile, a Shorcha.**
—**Cheana féin!**
—**Tá sé an-mhall. Tá sé a leath i ndiaidh a dó dhéag.**

—**Caithfidh mé imeacht.**
—**Níl sé ach luath.**
—**Tá mé ag súil le cuairteoirí.**

FAISNÉIS

The Irish for 'very' is **an-**. When **an-** precedes words beginning with a consonant, other than **d**, **n**, **t**, **l**, or **s**, it causes a *séimhiú*.

mall	an-<u>mh</u>all
maith	an-<u>mh</u>aith
fuar	an-<u>fh</u>uar

but

te	an-te
tuirseach	an-tuirseach
deas	an-deas

1 You'll hear five different people giving reasons why they have to go. As usual, try to anticipate their answers.

1. Laura is going to a meeting at half past two.
2. Eibhlín is very tired.
3. Seosamh is going to a concert at nine o' clock.
4. Síle is expecting visitors.
5. Caoimhe is late for the film.

ASKING SOMEONE TO STAY A LITTLE LONGER

Fan tamall beag eile!	Stay a little while longer!
Fan go dtí …	Stay until …
Fan go dtí a hocht.	Stay until eight.
Fan leathuair eile.	Stay another half an hour.
Fan uair an chloig eile.	Stay another hour.

GIVING YOUR REPLY

Ní thig liom. I can't.

If you decide you can stay you can use

Maith go leor

or

Ceart go leor.

 2 You'll hear various people on the tape saying they have to go. Respond appropriately.

1. Say, 'That's a pity.'
2. Say, 'It's only early.'
3. Ask her to stay a little while longer.
4. Ask him to stay for another half an hour.
5. Ask her to stay until half past nine.
6. Say, 'Already!'

SAYING GOODBYE

In Aonad 1 you learnt the following phrases to use when taking leave of someone:
Slán.
Slán go fóill.
Chífidh mé tú.

The following is also used:
Ádh mór! Good luck!

◆ REFERRING TO THE NEAR FUTURE

When people are saying goodbye they'll often mention when they'll see you again.

Chífidh mé ar ball tú.	I'll see you in a while.
Chífidh mé i gceann leathuaire* tú.	I'll see you in half an hour.
Chífidh mé anocht tú.	I'll see you tonight.
Chífidh mé amárach tú.	I'll see you tomorrow.

*For some more useful sentences containing **uair** go back to page 41.

◆ REFERRING TO TIMES FURTHER INTO THE FUTURE

Chífidh mé i gceann cúpla lá tú.	I'll see you in a few days' time.
Chífidh mé ar an tseachtain seo chugainn tú.	I'll see you next week.
Chífidh mé i gceann seachtaine tú.	I'll see you in a week's time.
Chífidh mé i gceann coicíse tú.	I'll see you in a fortnight's time.
Chífidh mé i gceann míosa tú.	I'll see you in a month's time.
Chífidh mé an mhí seo chugainn tú.	I'll see you next month.

 Have a listen to some examples on the tape.

—Chífidh mé i gceann míosa tú, a Áine.

—I gceann míosa?

—Tá mé ag dul ar saoire ar an tseachtain seo chugainn.

—Cá háit?

—Go dtí an Fhrainc.

—Bhuel, ádh mór.

—Slán.

—Caithfidh mé imeacht, a Dhónaill. An bhfuil tú ag dul go dtí an teach tábhairne anocht?

—Tá.

—Maith go leor. Chífidh mé anocht tú mar sin.

—Slán go fóill.

'Caithfidh mé imeacht.'

3   Look at the pairs of pictures below, and write what each person said as they were leaving. The first one is done for you.

Dé Luain, 8:00 p.m.	Dé Luain, 8:40 p.m.

1.   Chífidh mé ar ball tú.

2:00 p.m.	2:30 p.m.

2. _____

Dé Máirt 11:20 p.m.	Dé Céadaoin 9:30 a.m.

3. _____

Déardaoin 3:00 p.m.	Déardaoin 9:50 p.m.

4. _____

Dé Céadaoin	Dé Sathairn

5. _____

4   Go back to page 39, where we dealt with masculine and feminine words.
    Then place the article **an** before the words listed below.

1. **lá** (*masc.*) (day) _____

2. **seachtain** (*fem.*) (week) _____

3. **coicís** (*fem.*) (fortnight) _____

4. **mí** (*fem.*) (month) _____

5. **bliain** (*fem.*) (year) _____

 5   Try saying the following in Irish:

1.   I have to go now. I'll see you next week.
2.   I'm going shopping. I'll see you in half an hour.
3.   I'm going on holiday. I'll see you in a month's time.
4.   I'll see you in a fortnight's time.

6   Tú féin!

Can you think of any excuses you gave recently when you had to take your leave?
Can you say them in Irish?

Can you now do the following?	Yes	No	If not, go back to page
Say you have to go			68
Respond to someone telling you they have to go			68
Ask why someone has to go			68
Say you're sorry			68
Say why you have to go			68
Ask someone to stay a little longer			70
Reply to this request			70
Say goodbye			70
Refer to the near future			71
Refer to times further into the future			71

13 AONAD An teaghlach 2
The family 2

◆ **FAMILY MEMBERS AND RELATIVES**

Let's do a recap on some of the words we've already covered that relate to the family before moving on to some new ones.

athair	father
máthair	mother
mac	son
iníon	daughter
fear céile	husband
bean chéile	wife

Here's some more vocabulary to do with the family and relatives:

deartháir	brother
deirfiúr	sister
tuismitheoirí	parents
máthair mhór	
or	
seanmháthair	grandmother
athair mór	
or	
seanathair	grandfather
aintín	aunt
uncail	uncle
col ceathrair	cousin
col ceathracha	cousins

◆ **INTRODUCING FAMILY MEMBERS AND RELATIVES**

You also learnt earlier how to introduce some family members, such as your parents and your children. Let's have a look now at how you introduce other family members.

Seo …	This is …
m'athair mór	my grandfather

mo mháthair mhór	my grandmother
mo chuid deartháireacha	my brothers
mo chuid deirfiúracha	my sisters
m'uncail	my uncle
m'aintín	my aunt
mo chuid col ceathracha	my cousins

 Listen to some people introducing family members and relatives.

—Seo mo chuid deartháireacha, Niall agus Cathal, agus seo mo dheirfiúr, Sally.

—Seo m'Aintín Máire agus m'Uncail Tim agus mo chuid col ceathracha Simon agus Julie.

—Seo mo mháthair agus mo chuid deirfiúracha, Peigí, Nóra, agus Máire.
—Cad é mar atá sibh?

 **FAISNÉIS**

 209

Mo chuid is used instead of **mo** by itself when

—an unspecified or indefinite mass or quantity is being referred to:

mo chuid airgid	my money
mo chuid gruaige	my hair

—an unspecified number of people is being referred to:

mo chuid deirfiúracha	my sisters
mo chuid col ceathracha	my cousins

 1   You'll hear people introducing family members and relatives. Try to say the introduction before they do.

1. These are my brothers Tomás and Liam and my sister Isabelle.
2. This is my Aunt Máirín and my cousins Jim and Frank.
3. This is my grandmother and my grandfather.
4. This is my mother and my Uncle Jeff.
5. These are my sisters Emer and Deirdre.
6. This is my husband, Finbarr, and my son Gavin.

◆ INTRODUCING YOURSELF AND OTHERS

This is how you introduce yourself and others collectively:

Is muidne* ...	We're ...
Is muidne deirfiúracha John.	We're John's sisters.
Is muidne deartháireacha Laura.	We're Laura's brothers.

*In Ulster Irish this word usually has three syllables in everyday speech: **muid-in-ne**.

◆ ASKING ABOUT AGE

Cad é an aois atá tú?

or

Cén aois atá tú?	What age are you?
Cad é an aois atá sé?	What age is he?

AOIS

bliain (d'aois)	one year (old)
dhá bhliain	two years
trí bliana	three years
ceithre bliana	four years
cúig bliana	five years
sé bliana	six years
seacht mbliana	seven years
ocht mbliana	eight years
naoi mbliana	nine years
deich mbliana	ten years

'Cad é an aois atá sí?'

You learnt earlier (pages 21 and 34) that the numbers 2–6 cause a *séimhiú* in words beginning with a consonant and the numbers 7–10 cause an *urú*. **Bliain**, however, is irregular and doesn't follow all the usual rules. Keep this pattern in mind:

1 year	2 years	3–6 years	7–10 years
bliain	**dhá bhliain**	**... bliana**	**... mbliana**

Have a listen to some people talking about age. Look out for

chóir a bheith	almost
and	
go leith	and a half

—Cad é an aois atá do dheartháir?
—Tá sé seacht mbliana.

—Cén aois atá na páistí?
—Tá Deirbhile ceithre bliana agus tá Cian chóir a bheith bliain d'aois.

—Cad é an aois atá do mhac?
—Tá sé ocht mbliana.
—Agus d'iníon?
—Tá sí sé bliana go leith.

 2   Imagine that you're married with three children: Sorcha, aged four, Niall, aged five, and Niamh, aged seven. Sorcha is in the nursery and the other two are at primary school. You've just moved to a new area, and you're chatting to the nurse in the local health centre. See if you can answer her questions.

1.   An bhfuil páistí agat?
2.   C'ainm atá orthu?
3.   Cad é an aois atá siad?
4.   An bhfuil an triúr acu ar an bhunscoil?

ASKING WHERE PEOPLE LIVE

Cá bhfuil sé ina chónaí anois?	Where does he live now?
Cá bhfuil sí ina cónaí anois?	Where does she live now?
Cá bhfuil siad ina gcónaí anois?	Where do they live now?

FAISNÉIS   213-14

CÓNAÍ	LIVE
Tá mé i mo chónaí	I live
Tá tú i do chónaí	You live
Tá sé ina chónaí	He lives
Tá sí ina cónaí	She lives
Tá muid inár gcónaí	We live
Tá sibh in bhur gcónaí	You live
Tá siad ina gcónaí	They live

'Cá bhfuil Máirín ina cónaí?'

3   You'll be asked where various people are now and also where they work. Give the appropriate answer in each case.

1.   **—Cá bhfuil Marion agus John anois?**

Say, 'They live in Belfast.'

  —Agus cá bhfuil siad ag obair?

Say, 'Marion works in a shoe shop and John is unemployed at the moment.'

2.   **—Cá bhfuil Séamas Holmes anois?**

Say, 'He lives in Dublin and he works in a supermarket.'

3.   **—An bhfuil Vera ina cónaí in Aontroim anois?**

Say, 'No, she lives in Enniskillen.'

  —Agus cad é an post atá aici?

Say, 'She works in a restaurant.'

4   Tú féin!

Can you now say where various members of your family live and where they work?

Can you now do the following?	Yes	No	If not, go back to page
Name all family members and close relatives			74
Introduce them			74
Introduce yourself and others			76
Ask what age people are			76
Say what age people are (up to ten years)			76
Ask where people live			77
Say where people live			77

14 Cúrsaí an lae
Daily routine

DISCUSSING MORNING ACTIVITIES

Músclaím …	I wake up …
de ghnáth	usually
Músclaím de ghnáth thart fá leath i ndiaidh a seacht.	I usually wake up around half past seven.
Éirím ag a hocht.	
or	
Éirím ar a hocht.	I get up at eight.
Ním mé féin.	I wash myself.
Ithim mo bhricfeasta idir a hocht agus leath i ndiaidh a hocht.	I eat breakfast between eight and half past eight.
Téim ag obair thart fá cheathrú go dtí a naoi.	I go to work at around a quarter to nine.
Téim chun na scoile ag a naoi a chlog.	I go to school at nine o'clock.

 Listen to some examples on the tape.

—Ithim mo bhricfeasta thart fá cheathrú go dtí a hocht, agus téim ag obair ar a hocht.

—Éirím ag fiche bomaite i ndiaidh a naoi, agus téim chun na scoile ag leath i ndiaidh a naoi.

ASKING SOMEONE WHAT TIME THEY DO SOMETHING

Cad é an t-am a n-éiríonn tú achan mhaidin?	What time do you get up every morning?
Cad é an t-am a dtéann tú ag obair achan mhaidin?	What time do you go to work every morning?
Cad é an t-am a mbíonn do dhinnéar agat?	What time do you have your dinner?

Listen to people talking about their morning routines

—**Cad é an t-am a n-éiríonn tú ar maidin?**
—**Éirím thart fá leath i ndiaidh a hocht de ghnáth.**

—**Cén t-am a dtéann tú ag obair?**
—**Idir leath i ndiaidh a hocht agus ceathrú go dtí a naoi de ghnáth.**

Cad é an t-am a n-éiríonn tú de ghnáth?

 1   Try saying the following in Irish:

1.   What time do you go to school every morning?
2.   What time do you go to work?
3.   What time do you get up on Saturday morning?
4.   What time do you usually get up?

◆ DISCUSSING ROUTINES

Bíonn mo lón agam idir a haon agus a dó.	I have my lunch between one and two.
Bím sa bhaile de ghnáth ag a sé.	I'm usually home at six.
Bíonn mo dhinnéar agam sa bhaile.	I have my dinner at home.

 FAISNÉIS 228

We've already come across **tá** many times during this course. When you're referring to something that recurs, either frequently or infrequently, you need to use the *present habitual* form:

Tá mé tuirseach.	**Bím tuirseach i gcónaí tráthnóna.**
(I'm tired.)	(I'm always tired in the evening.)
Tá mé mall.	**Bím mall i gcónaí maidin Dé Luain.**
(I'm late.)	(I'm always late on Monday morning.)

bím	I am (or Hiberno-English 'I do be')
bíonn tú	you are
bíonn sé/sí	he/she is
bíonn muid	we are
bíonn sibh	you are
bíonn siad	they are

◆ ASKING WHAT SOMEONE DOES DURING THE DAY

Cad é a dhéanann tú i rith an lae?	What do you do during the day?
Cad é a dhéanann tú tráthnóna?	What do you do in the evening?

◆ GIVING YOUR REPLY

Tagaim abhaile …	I come home …
Éistim leis an raidió.	I listen to the radio.
Amharcaim ar an teilifís.	I watch television.
Téim amach.	I go out.
Déanaim réidh béile.	I prepare a meal.
Téim a luí luath.	I go to bed early.

2   You'll hear five people being asked what they do at different times. Try to answer before they do. You'll need **go minic** (often).

1. I listen to the radio.
2. I go to a film.
3. I prepare a meal and then I watch television.
4. I often go out.
5. I listen to music and I go to bed early.

◆ ASKING SOMEONE IF THEY DO A PARTICULAR THING

An éisteann tú le ceol?	Do you listen to music?
Éistim.	I do (literally, I listen).
Ní éistim.	I don't (literally, I don't listen).
An dtéann tú amach go minic?	Do you go out often?
Téim.	
Ní théim.	
An éiríonn tú go luath?	Do you get up early?
Éirím.	
Ní éirím.	

81

An mbíonn tú gnóthach?	Are you usually busy?
Bím.　　　Ní bhím.	

An dtagann tú abhaile luath?	Do you come home early?
Tagaim.　　　Ní thagaim.	

An amharcann tú ar an teilifís?	Do you watch television?
Amharcaim.　　　Ní amharcaim.	

3　Try asking the following questions in Irish.

1. Do you go to plays often?
2. Are you usually busy on Saturday night?
3. Do you usually come home at the weekend?
4. Do you listen to classical music?

Now try to answer the above questions. Give the replies indicated below.

1. Say, 'I do.'
2. Say, 'I'm not.'
3. Say, 'I don't.'
4. Say, 'I do.'

4　Look at the illustrations below and then try the two exercises that follow, A and B.

A Can you write down the questions the woman in the illustrations would need to be asked to elicit the answers below?

1. _____

   Ag leath i ndiaidh a seacht.

2. _____

   Thart fá leath i ndiaidh a hocht.

3. _____

   Idir a haon agus ceathrú go dtí a dó de ghnáth.

4. _____

   Thart fán sé a chlog.

5. _____

   Idir leath i ndiaidh a haon déag agus a dó dhéag.

B Imagine that you're the woman in the illustrations. Can you give an account of your daily routine?

5 Tú féin!

Try giving an account of your own daily routine now.

Can you now do the following?	Yes	No	If not, go back to page
Discuss morning activities			79
Ask someone what time they do something			79
Discuss routines			80
Ask what someone does during the day			81
Give your reply			81
Ask someone if they do a particular thing			81
Give your reply			81

◆ ASKING WHERE SOMETHING IS

Cá bhfuil …?	Where is/are …?
Cá bhfuil oifig an phoist?	Where is the post office?
Cá bhfuil do charr?	Where is your car?
Cá bhfuil na heochracha?	Where are the keys?

◆ SAYING WHERE SOMETHING IS

… ar chlé	… on the left
… ar dheis	… on the right
Tá sé ansin ar chlé.	It's there on the left.
Tá sé anseo ar dheis.	It's here on the right.
Tá sé trasna ón siopa.	It's across from the shop.
Tá sé in aice leis an chaife.	It's beside the café.

 Listen to people asking where something is.

—Gabh mo leithscéal. Cá bhfuil an garáiste?

—Tá sé ansin—trasna ó oifig an phoist.

—A Shéamais, cá bhfuil teach Jackie?

—Tá sé ansin ar dheis.

—Cá bhfuil do charr?

—Tá sé ansin in aice leis an bhanc.

'Gabh mo leithscéal. Cá bhfuil oifig an phoist?'

FAISNÉIS

The word **ó** (from) adds a *séimhiú* to nouns beginning with a consonant (except **l, n,** or **r**):

trasna ó <u>th</u>each Bhríd

'From the' is one word in Irish: **ón**.

trasna ón <u>bh</u>anc   across from the bank

Again, note that **ón** adds a *séimhiú* to some consonants (the exceptions being **d, n, t, l,** and **s**):

trasna ón <u>bh</u>ialann
but
trasna ón siopa

 1   Ask where the following are:

1. The supermarket.
2. The pub.
3. The restaurant.
4. The sitting-room.
5. The toilet.
6. The bathroom.

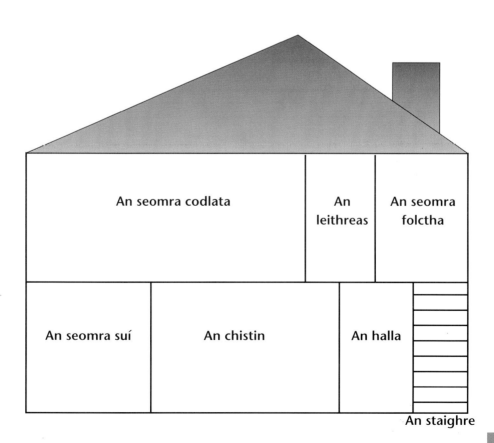

| | | An seomra codlata | | An leithreas | An seomra folctha |

| An seomra suí | An chistin | An halla | |

An staighre

◆ ASKING HOW MANY ROOMS THERE ARE IN A HOUSE

Cá mhéad seomra atá ann? How many rooms are there in it?

Here are some possible answers:

Tá trí sheomra ann. It has three rooms.
Ocht seomra. Eight rooms.

If you're not sure why it's **trí <u>sheomra</u>** but **ocht seomra**, go back to Faisnéis on page 34.

◆ GIVING DIRECTIONS

Téigh suas an staighre. Go up the stairs.
Téigh síos an halla. Go down the hall.
Tiontaigh … Turn …
Tiontaigh ar chlé/dheis. Turn left/right.

 2 Different people will ask you where certain rooms are. Give them the directions below.

1. Go down the stairs and turn left.
2. Go up the stairs—it's across from the toilet.
3. Go down the hall—it's there beside the sitting-room.
4. Go down the stairs and turn right—it's across from the bathroom.

◆ SAYING WHICH DOOR IT IS

an chéad doras ar chlé the first door on the left

Here are the ordinal numbers from first to tenth:

FIRST–TENTH	
an chéad	the first
an dara	the second
an tríú	the third
an ceathrú	the fourth
an cúigiú	the fifth
an séú	the sixth
an seachtú	the seventh
an t-ochtú	the eighth
an naoú	the ninth
an deichiú	the tenth

Listen to the ordinal numbers being used.

—Cá bhfuil an leithreas?
—An tríú doras ar dheis ansin.

—Cá bhfuil tú i do chónaí?
—Ansin—an ceathrú teach ar dheis.

—Cá bhfuil an chistin?
—An dara seomra ar chlé.

'Cá bhfuil an leithreas?'

—Cá bhfuil oifig Liam, le do thoil?
—Téigh síos an halla. Tá sé ansin in aice leis an bhialann—an cúigiú doras ar dheis.

◆ DESCRIBING THE CONTENTS OF A HOUSE

an tábla	the table
an chathaoir	the chair
an cuisneoir	the fridge
an sorn	the cooker
an leaba	the bed
an teilifíseán	the television
an prios	the press
na cuirtíní	the curtains
an brat urláir	the carpet

An tábla, an sorn, an brat urláir ...

REMOVALS

◆ ASKING WHERE TO PUT THINGS

Cá gcuirfidh mé é seo?	Where will I put this?
Cá gcuirfidh mé iad seo?	Where will I put these?

◆ TELLING SOMEONE WHERE TO PUT THINGS

Cuir thall ansin é.	Put it over there.
Cuir sa chistin é.	Put it in the kitchen.
Cuir sa seomra folctha é.	Put it in the bathroom.
Ar an tábla.	On the table.

 Have a listen to some of the phrases you've just learnt being used.

—Cá gcuirfidh mé é seo?
—Cuir sa chistin é.

—Cá gcuirfidh mé iad seo?
—Cuir thall ansin iad.

—Cá gcuirfidh mé an bainne?
—Cuir sa chuisneoir é.

 3 You've just arrived in your new home, and the removal men are asking you where they should put things. Listen to the tape and answer their questions.

—**Cá gcuirfidh mé na cuirtíní seo?**
Tell him to put them in the sitting-room.

—**Cá gcuirfidh mé an prios beag seo?**
Tell him to put it in the bathroom.

—**Cá gcuirfidh mé an tábla?**
Tell him to put it over there.

—**Agus an teilifíseán?**
Tell him to put it in the kitchen.

'Cá gcuirfidh mé é seo?'

FAISNÉIS

 216

As we saw in earlier units, **i** or **in** is the Irish for 'in':
Tá mé i mo chónaí i mBaile Átha Cliath. I live in Dublin.

However, 'in the' is one word in Irish: **sa(n)**.

sa chistin	in the kitchen
sa gharáiste	in the garage

Sa adds a *séimhiú* to words beginning with a consonant (except **d**, **n**, **t**, **l**, or **s**):

sa <u>ch</u>uisneoir	in the fridge
sa <u>ph</u>rios	in the press
but	
sa siopa	in the shop
sa teach	in the house

And **san** is used before words beginning with a vowel:

san oifig	in the office
san ionad spóirt	in the sports centre

 4 People will ask you where to put various items. Give the appropriate answer in each case.

1. In the fridge.
2. On the table.

3. Over there.
4. In the garage.
5. In the press.

5 This time *you* ask where to put the things. Listen to the responses on the tape, then write in the spaces below where the various items are supposed to go.

1. This table.   3. This press.

   Sa _____ .   San _____ .

2. This television.   4. This bed.

   Sa _____ .   Sa _____ .

6 Look at the room below and write down how many chairs, tables and presses are in it. (Look at Faisnéis on page 34 to revise counting things in Irish.)

1. _____

2. _____

3. _____

MOVEMENT

Téigh suas ...	Go up ...
Téigh síos ...	Go down ...
Téigh amach ...	Go out ...
Téigh isteach ...	Go in ...

◆ LOCATION

thuas	up
thíos	down
(taobh) amuigh	outside
(taobh) istigh	inside

> **We'll be returning to movement and location in Unit 25.**

 Listen to the estate agent describing a house to the prospective buyers, Jim and Nuala, and answering their questions.

—Tá dhá sheomra codlata thuas staighre agus seomra codlata amháin thíos staighre.
—An bhfuil seomra folctha thíos staighre?
—Tá. Tá sé in aice leis an seomra codlata, istigh anseo.
—Cá bhfuil an chistin?
—Ansin ar chlé. Tá gairdín mór taobh amuigh ... Cá háit a ndeachaigh Jim?
—Tá sé amuigh sa gharáiste, sílim.

 7 Can you say the following in Irish?

1. Go down the hall.
2. Go up to the bedroom.
3. He's up in the bathroom.
4. She's out in the garden.
5. Go into the kitchen.
6. Go out to the garage.

Can you now do the following?	Yes	No	If not, go back to page
Ask where something is			84
Say where something is			84
Name the rooms in the house			85
Ask how many rooms are in a house			86
Say how many rooms are in a house			86
Give directions			86
Use the ordinal numbers first–tenth			86
Describe the contents of a house			87
Ask where to put things			87
Tell someone where to put things			87
Describe movement			89
Describe location			90

16 AONAD
Ag siopadóireacht
Shopping

◆ ASKING HOW MUCH THINGS COST

Cá mhéad atá air seo?	How much is this?
Cá mhéad atá orthu seo?	How much are these?
Cá mhéad atá air sin?	How much is that?
Cá mhéad atá orthu sin?	How much are those?

◆ COUNTING THE POUNDS

Punt is a regular noun and follows the rules you learnt on pages 21 and 34 for counting things.

punt	one pound	11–20 pounds
dhá phunt	two pounds	Eleven pounds is **aon phunt déag**.
trí phunt	three pounds	
ceithre phunt	four pounds	12–19 are easy to remember: simply add **déag** to 2–9 pounds:
cúig phunt	five pounds	
sé phunt	six pounds	**dhá phunt déag**
seacht bpunt	seven pounds	**cúig phunt déag**
ocht bpunt	eight pounds	**ocht bpunt déag**
naoi bpunt	nine pounds	
deich bpunt	ten pounds	Twenty pounds is **fiche punt**.

Cá mhéad sin?

Sé phunt déag, le do thoil.

◆ DEALING IN QUANTITIES

an ceann	each
an dosaen	per dozen
an mála	per bag/packet
an buidéal	per bottle
an bosca	per box
an cileagram	per kilo (kilogram)
an punt	per pound
an lítear	per litre
an pionta	per pint

 Have a listen to some customers finding out the price of various items.

—Gabh mo leithscéal. Cá mhéad atá air seo?
—Trí phunt.

—Cá mhéad atá orthu seo?
—Dhá phunt an ceann.

—Cá mhéad atá orthu sin, a Ellen?
—Ceithre phunt an dosaen.

—Gabh mo leithscéal. Cá mhéad atá orthu seo?
—Seacht bpunt an mála.

 1   Five people will ask you how much various items cost. Try to give the appropriate answers.

1. Eighteen pounds each.
2. Eleven pounds per bag.
3. Three pounds per dozen.
4. Six pounds per kilo.
5. Twenty pounds per box.

◆ LOOKING AFTER THE PENNIES

The word **pingin** (penny) is irregular and *doesn't* follow the rules for counting things that you learnt on pages 21 and 34.

pingin	one penny
dhá phingin	two pence
trí pingine	three pence
ceithre pingine	four pence
cúig pingine	five pence
sé pingine	six pence

seacht bpingine	seven pence
ocht bpingine	eight pence
naoi bpingine	nine pence
deich bpingine	ten pence

Remember this pattern:

1p	2p	3–6p	7–10p
pingin	**dhá phingin**	**... pingine**	**... bpingine**

Eleven pence is **aon phingin déag**. Again just add **déag** to 2–9 pence to get 12–19 pence.

ceithre pingine* déag
naoi bpingine* déag

*When you listen to the tape you'll notice that the **e** is not pronounced before the word **déag**.

Twenty pence is **fiche pingin**.

 2   Try saying the following in Irish:

1. Seventeen pence.
2. Five pence.
3. Eleven pence.
4. Two pence.
5. Ten pence.
6. Twenty pence.

◆ REFERRING TO ITEMS BY NAME

Cá mhéad atá ar an fhíon sin?	How much is that wine?
Cá mhéad atá ar na pinn luaidhe seo?	How much are these pencils?
Cá mhéad atá ar an cháca seo?	How much is this cake?

'Gabh mo leithscéal. Cá mhéad atá orthu seo?'

FAISNÉIS

216

The words **ar an** cause a *séimhiú* in nouns beginning with the letters **b**, **c**, **f**, **g**, **m**, and **p**:

an caife   the coffee
but
Cá mhéad atá ar an <u>ch</u>aife seo?

an bainne
but
Cá mhéad atá ar an <u>bh</u>ainne?

 Listen to some people asking what various items cost.

—Cá mhéad atá ar na milseáin seo?
—Ocht bpingine déag an mála.

—Cá mhéad atá ar an cháca seo?
—Trí phunt agus fiche pingin.

—Cá mhéad atá ar na prátaí?
—Seacht bpunt an mála.

 3   You're working as a shop assistant, and customers are asking what various items cost. Give them the information below.

1. 12p each
2. 20p per packet
3. £13 each
4. 18p per box

5. £2 per litre
6. £8 per bottle
7. £1.20 per dozen
8. 9p each

◆ ASKING WHAT THE TOTAL PRICE IS

Cá mhéad sin?   How much is that?

◆ ASKING FOR CHANGE

An bhfuil briseadh agat?   Have you change?
An bhfuil briseadh puint agat?   Have you change of a pound?

◆ **SAYING YOU HAVE NO MONEY**

Níl leathphingin rua agam.
I have no money./I'm broke.
(literally, I haven't got a red halfpenny.)

20–100

20	fiche punt	fiche pingin
30	tríocha punt	tríocha pingin
40	ceathracha punt	ceathracha pingin
50	caoga punt	caoga pingin
60	seasca punt	seasca pingin
70	seachtó punt	seachtó pingin
80	ochtó punt	ochtó pingin
90	nócha punt	nócha pingin
100	céad punt	céad pingin

Counting the pounds and pence in between is simple enough.

21p	**fiche is a haon pingin** (literally, twenty and one pence)
22p	**fiche is a dó pingin**
£33	**tríocha is a trí punt**
£44	**ceathracha is a ceathair punt**
55p	**caoga is a cúig pingin**
£66	**seasca is a sé punt**
77p	**seachtó is a seacht pingin**
£88	**ochtó is a hocht punt**
99p	**nócha is a naoi pingin**

Note that the forms **punt** and **pingin** are used between 21 and 100.

4   See if you can write the following amounts in words. The first two are done for you.

1.   £23   *Fiche is a trí punt*
2.   49p   *Ceathracha is a naoi pingin*
3.   58p
4.   £39
5.   73p
6.   93p
7.   £65
8.   £27

◆ EXPRESSING AN OPINION ON PRICES

Tá sé saor.	It's cheap (inexpensive).
Tá sé an-saor.	It's very cheap.
Tá siad daor.	They're dear (expensive).
Tá siad an-daor.	They're very dear.
Tá sé ródhaor.	It's too dear.
Tá siad i bhfad ródhaor.	They're far too dear.

◆ COMBINING POUNDS AND PENCE

Ceithre phunt caoga (pingin*)	£4.50
Sé phunt seachtó is a cúig (pingin*)	£6.75
Dhá phunt déag nócha is a naoi (pingin*)	£12.99
Tríocha is a sé punt ochtó is a seacht (pingin*)	£36.87

*You have a choice here whether or not to use **pingin**; most people don't.

5   Listen to customers in a shop ask the assistants what various items cost. Write down the price they're given and comment each time, as indicated below, before they do.

1.   _____ **an buidéal.**
    It's cheap.

2.   _____ **an mála.**
    They're dear.

3.   _____ **an dosaen.**
    They're very cheap.

4. _____ an pionta.

It's far too expensive.

5. _____ an bosca.

They're cheap.

 6   Try saying the following in Irish.

1. £1.99
2. £5.75
3. £16.95
4. £19.50
5. £45.60
6. £98.23

'Tá sé ródhaor.'

7   Tú féin!

Look at the goods in your kitchen. Can you say how much they cost?

Can you now do the following?	Yes	No	If not, go back to page
Ask how much things cost			91
Describe quantities			92
Refer to items by name			93
Ask what the total price is			94
Ask for change			94
Count 1–100 pounds			95
Count 1–100 pence			95
Say you have no money			95
Express an opinion on prices			96
Combine pounds and pence			96

17 AONAD Ag iarraidh rudaí
Asking for things

◆ SAYING WHAT YOU WANT

Tá mé ag iarraidh ... I want ...

This phrase is often used when buying something—in a shop or in a pub, for example.
Tá mé ag iarraidh pionta beorach. I want a pint of beer.

Children are also fond of using **Tá mé ag iarraidh!**
Tá mé ag iarraidh gloine oráiste. I want a glass of orange.

Adults tend to avoid using **Tá mé ag iarraidh** in the way children do, in order not to sound abrupt. They usually use it as a statement of what they want or would like rather than as a demand.

 Listen to these examples on the tape.

—Tá mé ag iarraidh cupa tae. Ar mhaith leatsa ceann?
—Ba mhaith, go raibh maith agat.

—Tá mé ag iarraidh a dhul abhaile ag a naoi a chlog ach ní thig liom. Tá mé an-ghnóthach.

◆ ASKING SOMEONE WHAT THEY WANT OR WOULD LIKE

Cad é atá tú ag iarraidh?
or
Cad é atá de dhíth ort?* What do you want?
Cad é atá de dhíth oraibh?*
(plural)

*The **de** in this phrase is not said in everyday speech.

If you don't know what you want you can say

Níl a fhios agam. I don't know.

98

Listen to these examples on the tape.

—A Aodháin, cad é atá tú ag iarraidh?
—Á, caife dubh, le do thoil.

—Cad é atá de dhíth oraibh?
—Fíon bán domhsa, le do thoil.
—Ba mhaith liomsa pionta.

—Cad é atá de dhíth ort, a Ghráinne?
—Ó, níl a fhios agam.

'A Mháire, cad é atá tú ag iarraidh?'

◆ ASKING SOMEONE IF THEY WANT A PARTICULAR THING

An bhfuil tú ag iarraidh ...?   Do you want ...?

 Listen to these examples on the tape.

—An bhfuil tú ag iarraidh deoch?
—Níl, go raibh maith agat.

—Cad é atá tú ag iarraidh?
—Ó, níl a fhios agam.
—An bhfuil tú ag iarraidh uisce beatha?
—Maith go leor. Uisce beatha.

 1   Try saying the following in Irish:

1.   I want to go home. I'm tired.
2.   What do you want? (What would you like?)
3.   I don't know.

FAISNÉIS

 217

The phrase **Cad é atá de dhíth ort?** literally means 'What is lacking on you?'
Ort is made up of **ar** (on) + **tú** (you).

orm	on me	**orainn**	on us
ort	on you	**oraibh**	on you
air	on him	**orthu**	on them
uirthi	on her		

Cad é atá de dhíth air?	What does he want?
Cad é atá de dhíth uirthi?	What does she want?
Cad é atá de dhíth orthu?	What do they want?

◆ **OFFERING ASSISTANCE**

An dtiocfadh liom cuidiú leat?	May I help you?
	(literally, Could I help you?)

◆ **SAYING THAT YOU'RE LOOKING FOR SOMETHING**

| Tá mé ag cuartú … | I'm looking for … |

This phrase is often used when shopping.

Tá mé ag cuartú …	
péire bróg	a pair of shoes
péinte don seomra suí	paint for the sitting-room

◆ **ASKING FOR MORE DETAILS**

Cad é an cineál?	What kind?
Cad é an dath?	What colour?

If someone is asking you to choose between two things they'll say:

| Cé acu ceann? | Which one? |

If there are more than two things to choose from you can either use

Cé acu ceann?

again or

Cad é an ceann?

◆ **BEING SPECIFIC**

An ceann seo.	This one.
An ceann sin.	That one.
An ceann dearg.	The red one.

DATHANNA

dearg	red
bán	white
bándearg	pink
dubh	black
gorm	blue
dúghorm	navy blue
glas	green
donn	brown

2 Imagine that you're out shopping. Ask for the things below when the shop assistant offers his or her help. You'll then be asked in each case what colour you want. Give the appropriate answer. The only new word you'll need is **brístí** (trousers).

1. You want a pair of shoes.
    Brown.
2. You're looking for paint for the bathroom.
    Pink.
3. You're looking for a pair of trousers.
    Blue.

SAYING YOU WANT TO BORROW SOMETHING

Tá mé ag iarraidh … ar iasacht	I want to borrow …
Tá mé ag iarraidh peann luaidhe ar iasacht.	I want to borrow a pencil.
Tá mé ag iarraidh leabhair ar iasacht.	I want to borrow a book.
Tá mé ag iarraidh téipe ar iasacht.	I want to borrow a tape.

ASKING IF YOU CAN BORROW SOMETHING

An dtig liom …?	May I …?
An dtig liom cúig phunt a fháil ar iasacht?	May I borrow five pounds?

You might hear the following answers:

Thig, cinnte.	You can, of course.
Ní thig.	You can't.

3 Ask if you can borrow the following amounts:

1.	£15	3.	50p
2.	£18	4.	£2

Other uses of **Cad é atá de dhíth ort/air/uirthi/orthu?**

We've seen in this unit that the phrase **Cad é atá de dhíth ort?** can be used when you want to find out what a person would like, for example in a pub or in a café. It can also be used in other situations, however. If someone is annoying you, a change in your tone of voice will change the meaning of the phrase.

Listen to the following example on the tape:

—**Cad é atá de dhíth ort! Imigh leat!**

If you're asking someone why a person wants to speak to you, you can use

Cad é atá de dhíth air/uirthi/orthu?

 Listen to the following example on the tape. You'll hear

Cé atá ann?	Who is it?
and	
Fear éigin.	Some man.

—**A Bhríd, an fón.**
—**Cé atá ann?**
—**Fear éigin.**
—**Cad é atá de dhíth air?**
—**Níl a fhios agam.**

 4   Try saying the following in Irish:

1.   I want to borrow a book.
2.   May I help you?
3.   I'm looking for Alan's office.
4.   Who is it?
5.   What do they want?

Can you now do the following?	Yes	No	If not, go back to page
Say what you want			98
Ask someone what they want or would like			98
Ask someone if they want a particular thing			99
Offer assistance			100
Say that you're looking for something			100
Ask for more details			100
Be specific (e.g. mention colour)			100
Say you want to borrow something			101
Ask if you can borrow something			101
Reply to that request			101

Ag dul ar saoire
Going on holiday

◆ SAYING YOU'RE GOING ON HOLIDAY

Tá mé ag dul ar saoire.*	I'm going on holiday.
Tá muid ag dul ar saoire.*	We're going on holiday.

*Laethanta saoire is also used.

◆ ASKING SOMEONE WHERE THEY'RE GOING

Cá háit?	Where?
Cá bhfuil tú ag dul?	Where are you going?
Cá háit a bhfuil tú ag dul ar saoire i mbliana?	Where are you going on holiday this year?

◆ SAYING WHERE YOU'RE GOING

Tá mé ag dul thar lear.	I'm going abroad.
Tá mé ag dul go dtí an Spáinn.	I'm going to Spain.

COUNTRIES

tír	a country
tíortha	countries
Éire/Éirinn	Ireland
Sasana	England
Albain	Scotland
an Bhreatain Bheag	Wales
an Fhrainc	France
an Ghearmáin	Germany
an Spáinn	Spain
an Iodáil	Italy
an Ghréig	Greece
Meiriceá	America

> If you can't remember whether to put **go** or **go dtí** before the name of a place when saying 'to', go back to page 38.

Listen to some people saying where they're going on holiday.

—Tá mé ag dul ar saoire Dé Luain, a Bhríd.
—Cá háit?
—Tá mé ag dul go dtí an Spáinn.

—Tá mé ag dul ar saoire.
—Ó, cá bhfuil tú ag dul?
—Go dtí an Ghearmáin.

—Cá háit a bhfuil tú ag dul ar saoire i mbliana?
—Tá mé féin agus Martina ag dul go hAlbain.

Cá bhfuil tú ag dul?

Tá mé ag dul ar saoire go dtí an Ghréig.

 1   You'll hear people being asked where they're going on holiday. Answer before they do.

1. To America.
2. To Wales.
3. I'm going to Germany.
4. To Greece and to Italy.

◆ ASKING SOMEONE HOW LONG THEY'RE GOING TO SPEND SOMEWHERE

Cá fhad …?   How long …?
Cá fhad a bheas tú sa Fhrainc?   How long will you be in France?

◆ SAYING HOW LONG YOU'LL BE SOMEWHERE

You've already learnt the following words:

seachtain	a week
coicís	a fortnight
mí	a month

'Cá bhfuil tú ag dul?'
'Tá mé ag dul go Gaillimh.'

FAISNÉIS

Have a look now at what happens when you place **ar feadh** ('for') in front of the above words:

ar feadh seachtaine
ar feadh coicíse
ar feadh míosa

Nouns that come after **ar feadh**, therefore, are usually placed in the *genitive case.*

 2   You'll hear different people being asked where they are going on holiday and how long they'll be there. Try to answer before they do.

1. To England.
    For a fortnight.
2. To Scotland.
    For a week.
3. To France.
    For a month.

ASKING SOMEONE WHO'S GOING WITH THEM

Cé atá ag dul leat?   Who's going with you?
or
Cé atá ag dul libh?
(plural)

Here are some possible answers:

Mo chara.   My friend.
Mo chairde.   My friends.
Tá mé ag dul liom féin.
or
Tá mé ag dul i m'aonar.   I'm going on my own.

◆ **ASKING ABOUT TRAVEL ARRANGEMENTS**

An bhfuil tú ag dul …?	Are you going …?
ar an eitleán	by plane
ar an bhád	by boat
ar an traein	by train
sa charr	by car

 Listen to some more people discussing holidays.

—Cá bhfuil tú ag dul ar saoire i mbliana?

—Go dtí an Spáinn—an Costa del Sol.

—Ó, cé atá ag dul leat?

—Susan agus Mairéad. Beidh muid ansin ar feadh coicíse.

—Tá mé féin agus Máirín ag dul ar saoire.

—Ó, cá háit?

—Go dtí an Iodáil.

—Cá fhad a bheas sibh ansin?

—Trí seachtainí.

—Agus an bhfuil sibh ag dul ar an eitleán?

—Tá. Tá muid ag dul le hAer Lingus.

 3   Vera and Kevin are going to spend three weeks in Grenoble in France. They're going by boat to Le Havre, then they're taking the train to Lyon and the bus to Grenoble.

Fill in the blanks in Vera's conversation with a friend, then listen to the tape to check if you're correct.

—Cá bhfuil tú ag dul ar _____ i mbliana?

—Go _____ an Fhrainc—Grenoble.

—Cé atá ag dul _____ ?

—Mo chara Kevin. Beidh muid ansin ar feadh _____ seachtainí.

—Go deas! An bhfuil sibh ag dul _____ an eitleán?

—Níl. Tá muid ag dul ar _____ go Le Havre, ar an traein go Lyon, agus ansin ar an _____ go Grenoble.

◆ **ASKING SOMEONE WHERE THEY'LL BE STAYING**

Cá háit a mbeidh tú ag fanacht?	Where will you be staying?
Cá háit a mbeidh sibh ag fanacht?	
(plural)	

◆ SAYING WHERE YOU'LL BE STAYING

Beidh mé ag fanacht …	I'll be staying …
in óstán	in a hotel
i dteach lóistín	in a guesthouse
i mbrú	in a hostel
i gcarbhán	in a caravan

Teach lóistín

Óstán

Carbhán

Brú

4 Try saying the following in Irish now:

1. Who's going with you?
2. I'm going by plane.
3. I'm going by car and boat.
4. I'll be staying in a guesthouse.
5. We'll be staying in a caravan.

◆ ASKING SOMEONE IF THEY'RE LOOKING FORWARD TO SOMETHING

An bhfuil tú ag súil go mór leis?	Are you looking forward to it?

◆ SAYING YOU'RE LOOKING FORWARD TO SOMETHING

Tá mé ag súil go mór leis.	I'm looking forward to it.

In reply to the question **An bhfuil tú ag súil go mór leis?** you can simply say **Tá** or **Níl**.

5   You meet a friend several days before you're due to go on holiday. Answer
her questions.

—Cá bhfuil tú ag dul ar saoire i mbliana?
Say, 'I'm going to Italy.'

—Á! Cé atá ag dul leat?
Say, 'My friends Micheál and Úna.'

—Cá fhad a bheas sibh ansin?
Say, 'We'll be there for a fortnight.'

—Cá háit a mbeidh sibh ag fanacht?
Say, 'In a hotel. I'm really looking forward to it.'

◆ ## DESCRIBING ACCOMMODATION

seomra singil	a single room
seomra dúbailte	a double room
seomra le cithfholcadán	a room with a shower

6   Listen to some people talking to a guesthouse owner, and write down what
kinds of rooms they're looking for.

1. _____

2. _____

3. _____

Can you now do the following?	Yes	No	If not, go back to page
Say you're going on holiday			103
Ask someone where they're going on holiday			103
Say where you're going on holiday (countries)			103
Ask someone how long they're going to spend somewhere			104
Say how long you'll be somewhere			104
Ask someone who's going with them			105
Ask about travel arrangements			106
Ask someone where they'll be staying			106
Say where you'll be staying			107
Ask someone if they're looking forward to something			107
Say that you're looking forward to something			107
Describe accommodation			108

19 AONAD
Ag labhairt le páistí agus cairde
Speaking to children and friends

The language we'll focus on in this unit will be useful for speaking to children, to family members, and to friends. We'll be building on what you have learnt in Aonad 9, 'Ag tabhairt orduithe agus treoracha'.

◆ TELLING SOMEONE TO BE QUIET

You've already learnt the following:

Ciúnas!	Quiet!
Bí ciúin!	
or	
Bí suaimhneach!	Be quiet!

Let's look now at a negative order:

Ná bí ag caint.	Stop talking.
	(literally, Don't be talking)
Ná bígí ag caint.	
(plural)	

◆ SPEAKING TO CHILDREN

Ná bí ag caoineadh.	Don't cry.
Ná bígí ag caoineadh.	
(plural)	
Ná bí ag gáire.	Don't laugh.
Ná bígí ag gáire.	
(plural)	
Ná bí dána!	Don't be bold!
Ná bígí dána!	
(plural)	

FAISNÉIS

 225-6

If you want to tell someone to stop doing something, you place **Ná** before the *imperative form* of the verb. **Ná** doesn't affect words beginning with a consonant, but it prefixes **h** to vowels:

Ná déan sin.   Don't do that.
Ná <u>h</u>abair sin.   Don't say that.

Ná bí ag caoineadh!

 1   Try saying the following in Irish. You're speaking to more than one person in each case.

1. Stop talking.   3. Don't be bold.
2. Don't cry.   4. Don't laugh.

TELLING SOMEONE TO CLEAN OR TO TIDY THEMSELVES UP

Nigh d'aghaidh.   Wash your face.
Nígí bhur n-aghaidh.
(plural)

Glan do lámha.   Wash your hands.
Glanaigí bhur lámha.
(plural)

Cíor do chuid gruaige.   Comb your hair.
Cíoraigí bhur gcuid gruaige.
(plural)

2   Here's a chance for you to practise some of the phrases you've learnt so far in this unit and to recap on some of the phrases you learnt in Aonad 9.

Imagine you're married with a houseful of children. What would you say in the following situations?

1.   Your son is going off to school with his hair in a mess.
2.   Your nieces have just finished tea. Their faces are covered in jam.
3.   Your daughter is throwing her toys all over the floor.
4.   Your son Derek and daughter Niamh have just finished painting a picture and their hands are covered in paint.
5.   Your nephews Tomás and Séamas have been fighting and are both crying.
6.   The children are very slow to get ready for school.

ASKING SOMEONE WHAT'S WRONG WITH THEM

Cad é atá ort?   What's wrong with you?
Cad é atá oraibh?
(plural)

ASKING SOMEONE IF THEY'RE ILL

An bhfuil tú tinn?   Are you ill?

SAYING WHAT'S WRONG WITH YOU

Tá tinneas cinn orm.   I have a headache.
Tá tinneas fiacaile orm.   I have toothache.
Tá pian i mo bholg.   I have a pain in my stomach.

If you're responding to the question **Cad é atá ort?** you can shorten the phrases that contain **orm**:

—**Cad é atá ort?**
—**Tá tinneas cinn orm.**

or simply

—**Tinneas cinn.**

'Cad é atá ort?'

111

FAISNÉIS

The structure **... i mo bholg** follows the same rules as **... i mo chónaí** (page 77).

Tá pian ina <u>bh</u>olg.	He has a pain in his stomach.
Tá pian ina bolg.	She has a pain in her stomach.

◆ ASKING SOMEONE IF THEY'RE ALL RIGHT

An bhfuil tú ceart go leor?	Are you all right?

◆ ASKING A MORE SPECIFIC QUESTION

An bhfuil tú fuar?	Are you cold?
An bhfuil ocras ort?	Are you hungry?

3   Look back at 'Faisnéis' on page 99 (**orm**) before attempting the translations below.

1.   She has a headache.

_____

2.   He has a pain in his stomach.

_____

3.   Are they all right?

_____

4.   What's wrong with them?

_____

5.   Is he hungry?

_____

 4   You'll hear people being asked different questions on the tape. Try to give the answers before they do.

1.   I have a toothache.
2.   I'm cold.
3.   I have a headache.
4.   I'm hungry.
5.   I have a pain in my stomach.

'An bhfuil tú fuar?'

5 Look at the cartoons below. What question was asked in each case, do you
   think?

1. _____

   Tá. Tá tinneas cinn orm.

2. _____

   Níl. Tá muid fuar.

3. _____

   Tinneas fiacaile.

4. _____

   Tá pian i mo bholg.

Can you now do the following?	Yes	No	If not, go back to page
Tell someone to be quiet			109
Tell someone not to cry			109
Tell someone not to be bold			109
Tell someone not to laugh			109
Tell someone to clean or to tidy themselves up			110
Ask someone what's wrong with them			111
Ask someone if they're ill			111
Say what's wrong with you			111
Ask someone if they're all right			112
Ask someone if they're cold or hungry			112

◆ ASKING WHAT SOMEONE LOOKS LIKE

Cad é an chuma atá air?	What does he look like?
Cad é an chuma atá uirthi?	What does she look like?

◆ SAYING WHAT A PERSON LOOKS LIKE

Tá sé ...	He's ...
Tá sí ...	She's ...
ard	tall
beag	small
ramhar	fat
tanaí	thin
dathúil	
or	
dóighiúil	handsome, good-looking
Is fear beag é.	He's a small man.
Is bean ard í.	She's a tall woman.

 Listen to different people saying that they've recently seen a new member of staff and then describing the person. You'll hear:

úr	new
go fóill	yet
bainisteoir	manager

—**Chonaic mé an bainisteoir úr inniu.**
—**Cad é an chuma atá uirthi?**
—**Tá sí ard agus tanaí.**

—**Chonaic mé an dochtúir úr inné.**
—**Ó, cad é an chuma atá air?**
—**Is fear mór ard é.**

—Chonaic mé an bhanaltra úr ar maidin.
Tá sí an-dóighiúil.

—An bhfaca tú an múinteoir úr go fóill?
—Ní fhaca. Cad é an chuma atá air?
—Tá sé ard agus dathúil.

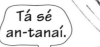

Tá sé
an-tanaí.

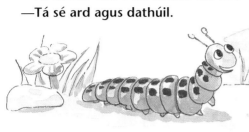

SAYING THAT SOMEONE IS GETTING FAT OR THIN

Tá sé ag éirí ramhar.	He's getting fat.
Tá sí ag éirí tanaí.	She's getting thin.

 1   Try saying the following in Irish now:

1. He's a tall man.
2. She's small and thin.
3. He's a good-looking man.

4. What does she look like?
5. He's getting thin.

ASKING WHAT SOMEONE'S CHARACTER IS LIKE

Cad é an cineál duine é?	What kind of person is he?
Cad é an cineál duine í?	What kind of person is she?

DESCRIBING SOMEONE'S CHARACTER

Is fear lách é.	He's a pleasant man.
Tá sé lách.	
Is bean chairdiúil í.	She's a friendly woman.
Tá sí cairdiúil.	
Ní duine rólách é.	He isn't a very pleasant person.
Níl sé rólách.	
Ní duine róchairdiúil í.	She isn't a very friendly person.

 2   You'll hear people being asked what someone is like or looks like. Try to answer before they do.

1. She's very friendly.
2. She's very pleasant.
3. He's tall and thin.

4. He's not a very friendly person.
5. He's very handsome.

FAISNÉIS

Most adjectives come after the noun in Irish:

fear dathúil

lá deas

A feminine noun adds a *séimhiú* to an adjective that begins with a consonant (other than **l**, **n**, or **r**):

bean <u>ch</u>airdiúil

bean <u>bh</u>eag

DESCRIBING HAIR COLOUR

The words **gruaig** (hair) and **féasóg** (beard) are feminine and therefore add a *séimhiú* to adjectives beginning with a consonant (other than **l**, **n**, or **r**).

gruaig dhubh	black hair
gruaig fhionn	blond hair
gruaig dhonn	brown hair
gruaig bhán	white hair
gruaig liath	grey hair
gruaig rua	red hair

Tá gruaig dhubh orm.	I have black hair.
Tá gruaig fhionn air.	He has blond hair.
Tá gruaig dhonn uirthi.	She has brown hair.
Tá féasóg dhubh air.	He has a black beard.

 3   You'll hear four people being asked what someone looks like. Again, try to answer before they do.

1. He's tall and has black hair.
2. She's thin and has red hair.
3. She's very good-looking and has grey hair.
4. He's small and has blond hair.

DESCRIBING HAIR LENGTH AND STYLE

Tá gruaig ghairid air.	He has short hair.
Tá gruaig fhada uirthi.	She has long hair.
Tá gruaig chatach air.	He has curly hair.
Tá gruaig dhíreach air.	He has straight hair.

FAISNÉIS

As in English, words describing length of hair or beard come before words that describe colour:

gruaig   **fhada**   **dhonn**
                  ↑   ↑
               length   colour

'*An bhfaca tú an múinteoir úr go foill?*'

'*Ní fhaca. Cad é an chuma atá air?*'

Tá gruaig dhubh orm. I have black hair. (literally, There's black hair on me)

You need these words to talk about other people's hair:

ort	on you	**orainn**	on us
air	on him	**oraibh**	on you
uirthi	on her	**orthu**	on them

Tá gruaig fhada orthu.
Tá gruaig chatach rua uirthi.

---

4   Write the following in Irish:

1.   She has short blond hair.

_____

2.   She has long black hair.

_____

3.   He has short red hair.

_____

4.   She has curly brown hair.

_____

5.   He has a long grey beard.

_____

◆ DESCRIBING EYES

You're already familiar with the colours in Irish. Have a look now at how they change in the plural.

gorm
súile gorma   blue eyes

donn
súile donna   brown eyes
glas
súile glasa   green eyes
liath
súile liatha   grey eyes

Tá súile glasa agam.   I have green eyes.
Tá súile donna aige.   He has brown eyes.
Tá súile gorma aici.   She has blue eyes.

5   You'll hear several people describing someone they know. Try to say the
     descriptions before they do.

1. He has black hair and blue eyes.
2. She has white hair and grey eyes.
3. She has brown eyes.
4. He has long black hair.
5. He has brown hair and green eyes.

**Did you notice that orm is
used with gruaig and féasóg,
and agam is used with súile?**

6   Can you put the correct sentences below each illustration? Choose from
     the list below right.

Tá sí tanaí.
Tá féasóg fhada air.
Tá sé ramhar.
Tá gruaig fhionn uirthi.
Tá gruaig dhonn uirthi.
Tá sí ramhar.
Tá súile gorma aici.
Tá gruaig chatach air.
Tá súile donna aige.
Tá súile glasa aici.

1. _____
   _____
   _____
   _____

2. _____   3. _____

_____   _____

_____   _____

7   Tú féin!

Can you now describe some of your own features?

Can you now do the following?	Yes	No	If not, go back to page
Ask what someone looks like			114
Say what a person looks like			114
Say that someone is getting fat or thin			115
Ask what someone's character is like			115
Describe someone's character			115
Describe hair colour			116
Describe hair length and style			116
Describe eyes			117

Ag tabhairt cuirí
Giving invitations

◆ GIVING INVITATIONS

Ar mhaith leat …	Would you like …
a dhul chuig dráma liom?	to go to a play with me?
a dhul ag rith?	to go running?
cluiche gailf a imirt?	to play a game of golf?
a theacht ag siopadóireacht liom?	to come shopping with me?
a theacht isteach?	to come in?
suí síos?	to sit down?

◆ ACCEPTING AND REFUSING AN INVITATION

Ba mhaith.	I would.
Níor mhaith.	I wouldn't.
Ba bhreá liom.	I'd love to.
Cinnte. Níl mé gnóthach inniu.	Certainly. I'm not busy today.
Tá brón orm—ní thig liom.	I'm sorry—I can't.

Have a listen to some people accepting and refusing invitations.

—Ar mhaith leat a dhul chuig cluiche peile liom tráthnóna?
—Tá brón orm—ní thig liom.
—Cad chuige?
—Tá rang Fraincise agam.

—Ar mhaith leat suí síos tamall?
—Bá bhreá liom, ach caithfidh mé a dhul chuig cruinniú.

—Ar mhaith leat a dhul ag siopadóireacht liom?
—Ba mhaith, cinnte. Níl mé gnóthach inniu.

Ar mhaith leat a dhul ag rith?

◆ **GIVING EXCUSES**

Tá mé ag tabhairt aire do na páistí.	I'm looking after the children.
Tá mé ag cóiriú an chairr.	I'm repairing the car.
Tá mé ag péinteáil an tí.	I'm painting the house.
Tá mé róthuirseach.	I'm too tired.
Tá mé an-ghnóthach.	I'm very busy.

FAISNÉIS

 209

We already looked at the *genitive case* in Aonad 18. The genitive also comes after *verbal nouns*—that is, the Irish equivalents of those words that end in –ing in English:

an carr	the car
ag cóiriú an chairr	repairing the car
an teach	the house
ag glanadh an tí	cleaning the house

Look out for more examples of the genitive case in other units.

 1 You'll hear people on the tape inviting friends to go somewhere or to do something. Reply to the invitations before each person does.

1. Certainly. I'm not busy today.
2. I can't. I have to go to the supermarket.
3. I'd love to.
4. I'd love to, but I'm looking after the children.
5. I can't. I'm repairing the car.

◆ **ASKING SOMEONE WHAT THEY'LL BE DOING**

Before inviting someone to do something, you might ask first whether they will be free.

Cad é atá tú a dhéanamh …	What are you doing …
tráthnóna?	this evening?
san oíche amárach?	tomorrow night?
anocht?	tonight?

◆ **SAYING YOU'RE DOING NOTHING**

Dadaí.	Nothing.

Listen to these examples on the tape.

—Cad é atá tú a dhéanamh san oíche amárach?
—Dadaí.
—Ar mhaith leat a dhul chuig scannán?
—Cinnte. Cad é an ceann?

—Cad é atá tú a dhéanamh anocht?
—Dadaí. Cad chuige?
—Tá mise ag dul chuig an dráma. Ar mhaith leat a theacht liom?
—Ba bhreá liom.

FINDING OUT IF SOMEONE WILL BE FREE

An mbeidh tú saor maidin Dé Domhnaigh?	Will you be free on Sunday morning?
An mbeidh tú gnóthach oíche Shathairn?	Will you be busy on Saturday night?

 2   See if you can say the following in Irish:

1.   What are you doing tonight?
2.   What are you doing tomorrow night?
3.   Will you be busy on Tuesday night?
4.   Will you be free on Wednesday evening?
5.   What are you doing on Thursday night?

'A Sheáin, ar mhaith leat a theacht ag iascaireacht liom?'

ARRANGING TO MEET SOMEONE

Cá háit a mbuailfidh muid le chéile?	Where will we meet?
Fan go bhfeicfidh mé …	Wait till I see …

ARRANGING A PLACE TO MEET

Buailfidh mé leat …	I'll meet you …
in aice …	beside …
in aice leis an bhanc	beside the bank
taobh amuigh …	outside …
taobh amuigh den óstán	outside the hotel
sa bhialann	in the restaurant

FAISNÉIS

216

Note how **in aice leis an** and **taobh amuigh den** add a *séimhiú* to words beginning with a consonant (except **d, l, n, r**, or **s**):

an banc	in aice leis an <u>bh</u>anc
an caife	taobh amuigh den <u>ch</u>aife

3 You'll hear people on the tape making arrangements to meet. Try to say the place before each person does.

1. Beside the restaurant.
2. Outside the supermarket.
3. Outside the pub.
4. Beside the chemist's shop.

◆ ARRANGING A TIME

Cad é an t-am?	What time?

You already know how to say 1 to 12 o' clock, a quarter past, half past, and a quarter to.

Buailfidh mé leat ag …	I'll meet you at …
ceathrú i ndiaidh a haon	a quarter past one
leath i ndiaidh a dó	half past two
ceathrú go dtí a trí	a quarter to three

Here are some of the times in between:

cúig bhomaite i ndiaidh …	five past …
deich mbomaite i ndiaidh …	ten past …
cúig bhomaite is fiche go dtí …	twenty-five to …
fiche bomaite go dtí …	twenty to …
thart fá …	about …

Listen to some friends making arrangements to meet.

—**Cá háit a mbuailfidh muid le chéile?**
—**Taobh amuigh den ionad siopadóireachta.**
—**Cad é an t-am?**
—**Thart fá fiche bomaite i ndiaidh a seacht.**
—**Go breá.**

—**Cad é an t-am a mbuailfidh muid le chéile?**
—**Thart fá deich mbomaite go dtí a cúig.**
—**Maith go leor.**

4   Write the correct time in words beside each clock.

1

2

3

4

5   Imagine that you bump into a friend after work and decide to invite her to go to a film with you.

Ask her what she's doing on Tuesday night.
—**Dadaí. Cad chuige?**

Ask her if she would like to go to a film.
—**Cinnte. Cén scannán?**

Say, 'Tim Robbins's new film.'
—**Ó, go breá. Cá háit a mbuailfidh muid le chéile?**

Say, 'Outside the cinema at five to eight.'
—**Maith go leor. Chífidh mé ansin tú.**

'Cad é an t-am a mbuailfidh muid le chéile?'
....
'Thart fá dheich mbomaite go dtí a cúig.'
....

Can you now do the following?	Yes	No	If not, go back to page
Give invitations			120
Accept and refuse an invitation			120
Give excuses			121
Ask someone what they'll be doing			121
Say you're doing nothing			121
Find out if someone will be free			122
Arrange to meet someone			122
Arrange a place and a time to meet someone			122–3

◆ ASKING SOMEONE HOW THEY FEEL

Cad é mar a bhraitheann tú?   How do you feel?

The phrase **Cad é mar atá tú?** (How are you?) is generally used as a greeting, but it can also be used to find out how someone is feeling.

You learnt in Aonad 14 how to ask what's wrong with someone:

Cad é atá ort?   What's wrong with you?
Cad é atá air?   What's wrong with him?
Cad é atá uirthi?   What's wrong with her?

◆ SAYING HOW YOU FEEL

Tá mé go breá.   I'm fine.
Níl mé ach go measartha.   I'm only middling.
Ní bhraithim go maith.   I don't feel well.
Tá mé tinn.   I'm ill.

 Listen to some examples on the tape.

—Cad é mar atá tú ar maidin, a Nuala?
—Á, níl mé ach go measartha.

—Cad é mar a bhraitheann tú inniu, a Chormaic?
—Ní bhraithim go maith ar chor ar bith.
—Cad é atá ort?
—Tá tinneas cinn orm.

◆ NAMING ILLNESSES

Tá tinneas cinn orm.   I have a headache.
Tá droim nimhneach air.   He has a sore back.
Tá bolg nimhneach uirthi.   She has a stomach-ache.
or
Tá pian ina bolg.   She has a pain in her stomach.

Tá slaghdán orthu.	They have a cold.
Tá droch-chasachtach orm.	I have a bad cough.
Tá sceadamán nimhneach uirthi.	She has a sore throat.

 Listen to some people saying what's wrong with them.

—An bhfuil Seosamh tinn?
—Tá. Tá sceadamán nimhneach air.

—Cad é atá ort?
—Bolg nimhneach.

—Cad é mar a bhraitheann tú?
—Ní bhraithim go maith. Tá tinneas cinn orm, agus tá pian i mo bholg.

Ní bhraithim go maith.

 1 Try saying the following in Irish now.

1. I'm fine.
2. How do you feel?
3. I don't feel well.
4. He has a cold.
5. She has a bad cough.

◆ DESCRIBING AND DISCUSSING INJURIES

Ghortaigh mé …	I hurt …
mo chos	my leg
Ghortaigh sé a chos.	He hurt his leg.
Bhris sí a cos.	She broke her leg.
Tá sí briste.	It's broken.
An bhfuil sí briste?	Is it broken?

 Have a listen to these examples on the tape.

—Ghortaigh Michelle a cos tráthnóna inné.
—An bhfuil sí briste?
—Níl.

—Ghortaigh mé mo sciathán ag imirt leadóige ar maidin. Tá sé an-nimhneach.

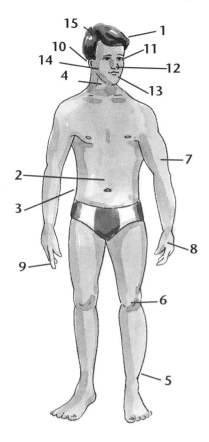

1	mo cheann	my head
2	mo bholg	my stomach
3	mo dhroim	my back
4	mo sceadamán	my throat
5	mo chos	my leg or foot
6	mo ghlúin	my knee
7	mo sciathán	my arm
8	mo lámh	my hand
9	mo mhéar	my finger
10	mo chluas	my ear
11	mo shúil	my eye
12	mo ghaosán	my nose
13	mo bhéal	my mouth
14	m'aghaidh	my face
15	mo chuid gruaige	my hair

 2   Imagine that you're the personnel manager of a factory and that four different supervisors ask you why certain members of the staff are absent. See if you can give the appropriate answers.

1. He has a sore back.
2. She hurt her knee yesterday.
3. She broke her hand on Sunday.
4. She has a sore throat.

◆ CANCELLING ARRANGEMENTS

Sometimes it's necessary to cancel arrangements because of illness or some injury. Here are a few useful phrases that can be used in such a situation.

Ní bheidh mé ábalta a dhul amach anocht.	I won't be able to go out tonight.
Ní bheidh mé ag an chruinniú anocht.	I won't be at the meeting tonight.

127

If you're asked the question

An mbeidh tú ansin anocht?   Will you be there tonight?

you can reply

Beidh.   I will.

or

Ní bheidh.   I won't.

If you feel it necessary to apologise you can use the following:

Tá brón orm.   I'm sorry.

FAISNÉIS

213-14

In Aonad 10 we looked at how the Irish equivalents of words like 'my' and 'your' that denote possession affect the words that follow them. Here are some more examples:

mo (my)	mo <u>c</u>hos	m'aghaidh
do (your)	do <u>gh</u>lúin	d'aghaidh
a (his)	a <u>sh</u>úil	a aghaidh
a (her)	a béal	a <u>h</u>aghaidh

TELLING SOMEONE TO TAKE CARE

Tabhair aire duit féin.   Take care of yourself.

 You'll hear some of the phrases you've learnt so far in the unit in the following scene.

—Haló, a Andy.
—Haló!
—Dónall anseo. Ní bheidh mé ag an chruinniú anocht.
—Ní bheidh?
—Ní bhraithim go maith. Tá slaghdán orm.
—Ceart go leor, a Dhónaill. Tabhair aire duit féin.
—Slán, a Andy.

'Cad é mar atá tú, a Mháire?'
'Coimhéad, ghortaigh mé mo lámh inné.'

3   Look at each illustration below, and fill in the blank with one of the words from the circle. Add a *séimhiú* to the word if necessary.

1. Bhris mé mo _____ inné.   2. Tá a _____ briste.

cos
lámh
méar
bolg

3. Tá pian ina _____ .   4. Ghortaigh mé mo _____ ag imirt leadóige.

♦ **SAYING YOU'RE BETTER OR WORSE**

Tá mé ag teacht chugam féin.	I'm recovering.
Tá mé níos fearr.	I'm better.
Níl mé níos fearr—tá mé níos measa.	I'm not better—I'm worse.

FAISNÉIS

  212-13

The word **níos** is used when comparing things in Irish. Words that follow **níos** are generally changed:

deas	nice
níos deise	nicer
fuar	cold
níos fuaire	colder

Adjectives that are irregular change completely:

maith	good
níos fearr	better
olc	bad
níos measa	worse

4   You're supposed to attend a meeting, but you decide to stay at home because you're ill. You ring a friend to tell her the news.

—Cad é mar atá tú?

Say you don't feel well.

—Cad é atá ort?

Say you have a headache and a sore throat.

—Ó, an mbeidh tú ag an chruinniú anocht?

Say you won't be, and apologise.

—Tá sin ceart go leor. Tabhair aire duit féin.

5   Try saying the following in Irish now:

1. I won't be able to go out tonight.
2. Take care of yourself.
3. How are you feeling now?
4. I'm not better. I'm worse.
5. I'm better, thank you.

6   Unjumble the words below.

1 lúgni (knee)		**9 dánsecaam** (throat)	
2 acenn (head)		**10 blog** (stomach)	
3 mraé (finger)		**11 soc** (leg)	
4 scula (ear)		**12 ébla** (mouth)	
5 sliú (eye)		**13 irguag** (hair)	
6 gáason (nose)		**14 hagdiah** (face)	
7 mhlá (hand)		**15 ncsáiaht** (arm)	
8 rdmio (back)			

Can you now do the following?	Yes	No	If not, go back to page
Ask someone how they feel			125
Say how you feel			125
Name illnesses			125
Describe and discuss injuries			126
Name parts of the body			127
Cancel arrangements			127
Tell someone to take care			128
Say you're better or worse			129

23 AONAD
Ag iarraidh ceada agus garanna
Asking for permission and favours

◆ ASKING FOR PERMISSION

An dtig liom ...	May I ...
an fón a úsáid?	use the phone?
caitheamh?	smoke?
an fhuinneog a oscailt?	open the window?
a dhul chuig an scannán anocht?	go to the film tonight?

◆ GIVING AND REFUSING PERMISSION

Thig.	You may.
Thig, cinnte.	You may indeed.
Ní thig.	You may not.

If you want to add emphasis to this and say a very definite 'no' you can use **leat**, or **libh** if you're addressing more than one person.

Ní thig leat!	You may not!

Have a listen to some of the above phrases on the tape. Look out for—

rófhuar	too cold
rómhall	too late
páirceáil	park

—Gabh mo leithscéal. An dtig liom an fón a úsáid?
—Thig, cinnte.

—An dtig liom an fhuinneog a oscailt?
—Ní thig. Tá sé rófhuar.

—A Mhamaí, an dtig liom amharc ar an teilifís? Tá scannán maith ar siúl.
—Ní thig. Tá sé rómhall.

—An dtig liom páirceáil anseo?
—Tá brón orm, ní thig. Ach thig leat páirceáil thall ansin.
—Go raibh maith agat.

FAISNÉIS

Pay special attention to *word order* in the phrases you've learnt so far in this unit. In some instances it differs from the English:

An dtig liom	an fhuinneog	a oscailt?
May I	**the window**	**open?**

1   See if you can say the following in Irish.

1.   Excuse me. May I park here?
2.   May I open the window?
3.   You may.
4.   You may indeed.
5.   You may not.

◆ ASKING FOR FAVOURS AND MAKING REQUESTS

In Units 9 and 19 you learnt how to ask children and friends to do various things, such as to open a door or to hurry up. Let's look at more polite ways of asking for favours and making requests.

An dtiocfadh leat …	Could you …
an doras a dhruid?	close the door?
scairtigh ar Bhríd?	call Bríd?
an litir seo a chur sa phost domh?	post this letter for me?
na soithí a ní?	wash the dishes?

Have a listen to some people making requests.

—An dtiocfadh leat an carr a ní domh, le do thoil?
—Cinnte. Níl mé gnóthach.

—An dtiocfadh leat an seomra suí a ghlanadh, le do thoil?
—Ní thig liom. Tá mé ag dul ag siopadóireacht le Yvonne anois. Beidh mé ar ais i gceann uair an chloig. Ceart go leor?
—Ceart go leor.

—An dtiocfadh leat a dhul go dtí an siopa domh?
—Maith go leor. Cad é atá de dhíth ort?

 2   Imagine that you're a harassed parent. What would you say in the
       following situations? You're addressing one person unless otherwise stated.

1.   The kitchen door is open and you want your son to close it.
2.   The boys' bedroom is in a mess and you want them to clean it up.
3.   You're weighed down with groceries and you can't open the door.
5.   Áine's dinner is ready and you want your son to call her.
6.   You're spring-cleaning and you want your children to wash the windows
     (**na fuinneogaí**).

◆ MORE POLITE FORMS

Ar mhiste leat …   Would you mind …
páipéar nuachta a fháil domh?   getting a paper for me?
an chistin a ghlanadh?   cleaning the kitchen?
cuidiú liom an tábla seo a bhogadh? helping me to move this table?

 3   Can you say the following in Irish?

1.   Would you mind cleaning the car?
2.   Could you clean the kitchen?
3.   Would you mind going to the post office for me?
4.   Could you help me to move this chair?
5.   Would you mind opening the window?

4 Unjumble the phrase beneath each picture below. The question marks have been omitted—you put them in!

1. oscailt a mhiste Ar leat fhuinneog an

2. linn a imirt An dtig peil

1. _____

2. _____

3. _____

3. leat An folctha dtiocfadh an ghlanadh a seomra

◆ **ASKING TO SEE OR TO SPEAK TO SOMEONE**

An dtig liom labhairt le …?	May I speak to …?
An dtig liom labhairt le Séamas?	May I speak to Séamas?
An dtig liom labhairt leis an bhainisteoir?	May I speak to the manager?
An dtig liom … a fheiceáil?	May I see …?
An dtig liom an dochtúir a fheiceáil?	May I see the doctor?

Again you can say **Thig** or **Ní thig** in answer to these questions.

◆ **GIVING SOMEONE A REASON WHY THEY CAN'T SEE OR SPEAK TO SOMEONE**

Tá sé/sí …	He/She is …
as baile	away
ar shiúl go dtí an banc	gone to the bank
Níl sé/sí …	He/She isn't …
san oifig	in the office
anseo faoi láthair	here at the moment
ag obair inniu	at work today

AONAD 23

 Have a listen to some of these phrases on the tape.

—**Gabh no leithscéal. An dtig liom labhairt le Macdara Ó Gríofa?**
—**Níl Macdara ag obair inniu. Beidh sé anseo amárach.**
—**Ceart go leor.**

—**An dtig liom an dochtúir a fheiceáil?**
—**Thig, cinnte. Ar mhiste leat suí síos tamall? Tá sé gnóthach faoi láthair.**

 5   Imagine that you're answering the phone and dealing with visitors in an office. Give the reasons below why people are not available.

1. I'm sorry, she's not here at the moment. She's gone to the bank.
2. John's not working today. He's on holiday.
3. I'm sorry, Gráinne's gone to the post office. Could I help you?

 6   See if you can say the following in Irish.

1. May I park here?
2. You may, certainly.
3. Could you go to the shop for me?
4. Would you mind opening the door for me?
5. May I speak to Mark?
6. May I see the manager?

Can you now do the following?	Yes	No	If not, go back to page
Ask for permission			131
Give and refuse permission			131
Ask for favours and make requests			132
Ask to see or to speak to someone			134
Give someone a reason why they can't see or speak to someone			134

Ag malartú scéalta nuachta
Exchanging news

◆ **ASKING SOMEONE IF THEY HAVE ANY NEWS**

An bhfuil nuacht ar bith agat?	Have you any news?

Here is a common response:
Muise, níl.	Indeed I haven't.

◆ **ASKING SOMEONE IF THERE'S ANYTHING HAPPENING**

An bhfuil a dhath ag dul?	Is there anything happening?
Níl mórán.	Not much.

◆ **TELLING GOOD NEWS**

Fuair m'fhear céile post úr.	My husband got a new job.
Cheannaigh mé carr úr Dé Luain.	I bought a new car on Monday.
Bhí leanbh ag Bríd arú aréir.	Bríd had a baby the night before last.

◆ **REACTING TO GOOD NEWS**

Sin dea-scéala!	That's good news!
Tá lúcháir orm sin a chloisteáil.	I'm glad to hear that.
Is maith sin.	That's good.
Comhghairdeachas!	Congratulations!

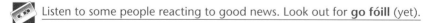 Listen to some people reacting to good news. Look out for **go fóill** (yet).

—An bhfuair Maria post úr go fóill?
—Fuair. Tá sí ag obair i monarcha i mBéal Feirste.
—Is maith sin.

—An raibh an leanbh ag do bhean chéile go fóill?
—Bhí. Bhí cailín beag aici arú aréir.
—Sin dea-scéala. Comhghairdeachas!

FAISNÉIS

 222-4

QUESTIONS AND ANSWERS IN THE PAST TENSE

We already looked at how the past tense is formed (Aonad 11). We'll now turn our attention to asking and answering questions in that tense.

REGULAR VERBS

With regular verbs, you place **Ar** before the past tense form:

Cheannaigh mé …	I bought …
Ar cheannaigh tú …?	Did you buy …?
Cheannaigh./Níor cheannaigh.	I did (buy)./I didn't (buy).
Ar bhuail tú le Laura?	Did you meet Laura?
Bhuail./Níor bhuail.	I did (meet)./I didn't (meet).

IRREGULAR VERBS

These are commonly used verbs, so it's worth learning the correct forms.

An raibh tú …?	Were you …?
Bhí./Ní raibh.	
An ndearna tú …?	Did you do/make …?
Rinne./Ní dhearna.	
Ar chuala tú …?	Did you hear …?
Chuala./Níor chuala.	
An bhfuair tú …?	Did you get …?
Fuair./Ní bhfuair.	
Ar thug tú …?	Did you give …?
Thug./Níor thug.	
An ndeachaigh tú …?	Did you go …?
Chuaigh./Ní dheachaigh.	
Ar tháinig tú …?	Did you come …?
Tháinig./Níor tháinig.	

'An raibh tú ar scoil inniu?'
'Ní raibh.'

An is usually not pronounced if it precedes the verb.
We'll be returning to the past tense in Aonad 29.

1   Answer the questions asked on the tape.

1. **An ndeachaigh tú go Baile Átha Cliath ag an deireadh seachtaine?**
   Say you didn't.

2. **Ar thug tú tae do Mhichelle?**
   Say you didn't.

3. **An bhfuair Sorcha an téip?**
   Say she didn't.

4. **Ar tháinig Máirtín abhaile as Dún na nGall go fóill?**
   Say he didn't.

5. **Ar ith tú do dhinnéar go fóill?**
   Say you did.

6. **An bhfaca Síle an bronntanas go fóill?**
   Say she didn't.

◆ REACTING TO BAD NEWS

Sin drochscéala.	That's bad news.
Tá brón orm sin a chloisteáil.	I'm sorry to hear that.
or	
Tá mé buartha sin a chloisteáil.	

 Listen to people reacting to bad news. You'll hear this new word: **timpiste** (accident).

—**Ar chuala tú faoi Shéamas?**
—**Níor chuala.**
—**Bhí timpiste aige maidin inné. Thit sé sa bhaile agus bhris sé a chos.**
—**Sin drochscéala.**

—**An ndeachaigh tú go Béal Feirste ag an deireadh seachtaine?**
—**Chuaigh. An ndeachaigh tusa?**
—**Ní dheachaigh. Bhí m'athair an-tinn.**
—**Tá brón orm sin a chloisteáil.**

—**An bhfaca tú Micheál le tamall?**
—**Chonaic. Bhí mé ag caint leis inné. Ar chuala tú go bhfuil sé dífhostaithe arís?**
—**Níor chuala. Sin drochscéala.**

2 Can you ask the following questions in Irish? Listen to the tape and check if you're right and also to see if you can understand the answers.

Go back to Aonad 11 and learn the days of the week and the terms for **last night** and **yesterday** if you've forgotten them.

1. Did you see the film last night?
2. Did you go to the concert on Sunday night?
3. Did you enjoy the weekend?
4. Were you sick yesterday?
5. Did you get a pint for me?
6. Did you hear the bad news?

3 Read the dialogues below, in which people exchange news, and fill in the blanks. You'll come across these new terms:

'Tá brón orm, sin a chloisteáil.'

scrúdú	exam
riamh	ever
uair amháin	once
an-láidir	very strong
céanna	same
an-sásta	very pleased

1. —An _____ tú an scrúdú Fraincise go fóill?
   —Rinne. Bhí sé agam maidin Dé hAoine.
   —Cad é mar a d'éirigh leat?
   —Go holc.

2. —Ar ith tú sushi riamh?
   —_____ ith. An bhfuil sé deas?
   —Tá. Ar ól tú saki riamh?
   —_____ mé uair amháin é. Bhí sé an-láidir.

3. —Ar bhuail tú le hÉanna riamh?
   —_____. Bhí muid sa rang chéanna ar an ollscoil.

4. —Ar _____ tú an bronntanas do Vera go fóill?
   —Thug. Bhí sí an-sásta leis.

5. —_____ tháinig Póilín abhaile go fóill?
   —Tháinig. Tháinig sí ar an bhus aréir.

Can you now do the following?	Yes	No	If not, go back to page
Ask someone if they have any news			136
Say you have no news			136
Ask someone if there's anything happening			136
Say there isn't anything happening			136
React to good news			136
Ask about events in the recent past			137
React to bad news			138

25 AONAD Suíomh agus gluaiseacht 2
Location and movement 2

◆ ASKING WHERE SOMETHING IS

You learnt the following in Aonad 15:

Cá bhfuil …?   Where is/are …?

Here is a longer and more polite version of the question:

An bhfuil a fhios agat cá bhfuil …?
or
An bhfuil a fhios agat cá háit a bhfuil …?   Do you know where … is/are?

◆ GIVING DIRECTIONS

Téigh síos an bóthar.	Go down the road.
Téigh suas an tsráid.	Go up the street.
Tóg an chéad tiontú ar chlé.	Take the first turn on the left.
Tóg an dara tiontú ar dheis.	Take the second turn on the right.
Téigh díreach ar aghaidh.	Go straight on.
Téigh trasna an droichid.	Go across the bridge.
Téigh síos go dtí an crosbhóthar.	Go down to the crossroads.

 Have a listen to these examples on the tape.

—Gabh mo leithscéal. An bhfuil a fhios
agat cá bhfuil teach Lisa Ní Mhurchú?
—Teach Lisa Ní Mhurchú? Tóg an chéad
tiontú ar chlé agus téigh díreach ar
aghaidh. Tá sé ansin ar dheis—in aice leis
an droichead.

—An bhfuil a fhios agat cá bhfuil an
leabharlann?
—Tá a fhios. Téigh síos an tsráid agus tóg
an dara tiontú ar chlé. Tá sé ansin os
comhair an chaife.

*'An bhfuil a fhios agat cá bhfuil an
leithreas?'*

FAISNÉIS

In Irish, two words rather than one are often used to describe location:

os comhair	opposite
os cionn	above
ar chúl	behind

Nouns coming after these are put in the *genitive case*:

an siopa	the shop
os comhair an tsiopa	opposite the shop
an leabharlann	the library
ar chúl na leabharlainne	behind the library

◆ DESCRIBING LOCATION

Tá sé ansin ar thaobh na láimhe clé.	It's there on the left-hand side.
Tá sé anseo ar thaobh na láimhe deise.	It's here on the right-hand side.
ar an choirnéal	on the corner
os comhair an chaife	opposite the café
ar chúl na leabharlainne	behind the library

1   You'll hear people being asked where different places are. Try to answer before each person does.

1.   Go across the bridge and turn left; it's there beside the café.
2.   Go down the road and take the second turn on the left.
3.   It's on the corner, across from the garage.
4.   Go down to the crossroads and turn right.
5.   Take the first turn on the right; it's there opposite the bank.

2   Imagine that you're standing at the bus stop shown in the town plan on the next page and that three different people ask you for directions to some place. The directions are given below. Can you fill in the blanks?

1.   —Gabh mo leithscéal. Cá bhfuil oifig an phoist?

—Téigh síos go dtí an crosbhóthar agus _____ ar dheis.
Téigh _____ ar aghaidh agus chífidh tú ansin ar _____
é, trasna ón ollmhargadh.

2. —Gabh mo leithscéal. An bhfuil a fhios agat cá bhfuil an banc?

    —Téigh síos an tsráid agus tóg an _____ tiontú ar dheis agus ansin an _____ tiontú ar chlé. Tá sé ansin ar Shráid Mhic Liam, in _____ leis an bhialann.

3. —An bhfuil a fhios agat cá bhfuil an siopa poitigéara, le do thoil?

    —Tá a fhios. Téigh síos go dtí an dara crosbhóthar agus tiontaigh _____ chlé. Tóg an tríú _____ ar dheis ansin agus chífidh tú ansin é ar thaobh na láimhe clé, in _____ leis an pháirc.

GIVING REASONS FOR NOT BEING ABLE TO HELP

If you're asked for directions and are not able to help, you can use the following phrases:

Tá brón orm. Níl a fhios agam.	I'm sorry, I don't know.
Níl barúil agam (cá bhfuil sé).	I have no idea (where it is).
Ní as an cheantar seo mé.	I'm not from this area.

◆ LOCATION OR DIRECTION?

We've already come across some of the single words used in Irish to describe *location*:

thuas	up
thíos	down
thall	yonder/over there
amuigh	outside
istigh	inside

The single words that describe *direction* can be divided into two groups:

(1) Words that describe movement **away** from the speaker:

Chuaigh sé ...	He went ...
suas	up
síos	down
anonn	over
amach	out
isteach	in

(2) Words that describe movement **towards** the speaker:

Tháinig sí ...	She came ...
aníos	up
anuas	down
anall	over
amach	out
isteach	in

 3 In the case of each sentence below, tick the appropriate box to indicate whether it describes (**A**) location, (**B**) movement away from the speaker, or (**C**) movement towards the speaker. Then see if you can say the sentences in Irish.

		A	B	C
1.	He's upstairs.			
2.	He's over in the garage.			
3.	She went out to the garden.			
4.	She's out in the garden.			
5.	She came upstairs.			
6.	Come down here.			
7.	He's over there.			
8.	Susan went over to Liam's house.			

FAISNÉIS

When we last looked at directions in Aonad 15, we came across the ordinal numbers **an chéad** (the first) to **an deichiú** (the tenth). Nouns beginning with a consonant (except **d**, **n**, **t**, **l**, or **s**) take a *séimhiú* after **an chéad**:

an chéad <u>ch</u>rosbhóthar	the first crossroads
but	
an chéad tiontú	the first turn

Words beginning with a consonant don't change after the numbers **an dara** (the second) to **an deichiú** (the tenth):

an dara crosbhóthar	the second crossroads

Vowels that follow **an dara** to **an deichiú**, however, are preceded by **h**:

an dara <u>h</u>áit	the second place
an séú <u>h</u>áit	the sixth place

CEANN

As we saw in Aonad 22, the word **ceann** means 'head', but in certain contexts it can also mean 'one'.

 Listen to these examples on the tape:

—Cá bhfuil oifig Rónáin?
—**Thall ansin—an chéad cheann ar chlé.**

—Cé acu teach do cheannsa?
(Which house is *yours?*)

—**An dara ceann ar dheis.**

 4   See if you can say the following in Irish:

1. The third one on the left-hand side.
2. That one on the right-hand side.
3. The second one on the left—beside the window.
4. The first one on the right—beside the bathroom.

Cá bhfuil an chistin?

Thíos ansin. An dara doras ar chlé.

DÁTAÍ Dates

The ordinal numbers are also used when talking about dates.

an chéad lá de mhí Eanáir   the first of January

(literally, the first day of the month of January)

Here is a complete list of the months of the year:

Eanáir	January
Feabhra	February
Márta	March
Aibreán	April
Bealtaine	May
Meitheamh	June
Iúil	July
Lúnasa	August
Meán Fómhair	September
Deireadh Fómhair	October
Samhain	November
Nollaig*	December

*The word **Nollaig** also means 'Christmas'.

The months in Irish are usually preceded by the word **mí** (month), or by **de mhí** (of the month) when a specific date is being mentioned:

mí Feabhra   February
an ceathrú lá de mhí Feabhra   the fourth of February

This shorter version is also acceptable but is less widely used:

an ceathrú lá d'Fheabhra   the fourth of February
an chéad lá d'Aibreán   the first of April

Note how the following months change slightly after the words **mí** or **de mhí**:

An tríú lá de mhí an Mhárta
An ceathrú lá de mhí Aibreáin
An cúigiú lá de mhí na Bealtaine
An séú lá de mhí an Mheithimh
An seachtú lá de mhí Mheán Fómhair
An t-ochtú lá de mhí Dheireadh Fómhair
An naoú lá de mhí na Samhna
An deichiú lá de mhí na Nollag

5 Write the dates below in Irish, using **de mhí** in each case; then try the exercise on the tape.

1. The seventh of September.

    _____

2. The ninth of April.

    _____

3. The sixth of March.

    _____

4. The second of June.

    _____

5. The third of October.

    _____

6. The eighth of December.

    _____

> We'll look at the dates 11th to 31st in Aonad 26.

Can you now do the following?	Yes	No	If not, go back to page
Ask someone where something is			141
Give directions			141
Describe location			142
Give reasons for not being able to help			143
Say where something or someone is			144
Describe movement			144
Use the word **ceann**			145
Say the months of the year			146
Say dates between the first and the tenth			146

26 AONAD Tuilleadh faoi chúlra agus faoi dhátaí
More about background and dates

ASKING WHERE SOMEONE WAS BORN

Cá háit a rugadh tú?	Where were you born?
Cá háit a rugadh é?	Where was he born?
Cá háit a rugadh í?	Where was she born?

When replying to this question, you can simply use **i(n)** and the place-name:

I nGaoth Dobhair.	In Gaoth Dobhair.
In Ard Mhacha.	In Armagh.

SAYING WHERE YOU WERE BORN AND REARED

Rugadh i(n) … mé	I was born in …
Rugadh agus tógadh i(n) … mé	I was born and reared in …

 Listen to people saying where they were born and reared.

—Cá as tú, a Chaitlín?
—As Baile Monaidh, ach tógadh i dTír Eoghain mé.

—Cá as tú, a Shorcha?
—Rugadh agus tógadh i Latharna mé, ach tá mé i mo chónaí in Ard Mhacha anois.

—Cá háit a rugadh tú?
—Rugadh i Loch Garman mé, ach tógadh i gcathair Dhoire mé.

Cá háit a rugadh tú?

Sa seomra folctha.

THE COUNTIES OF ULSTER

Contae Aontroma	County Antrim
Contae Ard Mhacha	County Armagh
Contae an Chabháin	County Cavan
Contae Dhoire	County Derry
Contae an Dúin	County Down
Contae Dhún na nGall	County Donegal
Contae Fhear Manach	County Fermanagh
Contae Mhuineacháin	County Monaghan
Contae Thír Eoghain	County Tyrone

 1 You'll hear five people being asked where they're from. Try to answer before they do.

1. I'm originally from County Tyrone.
2. I was born and raised in County Fermanagh.
3. I was born in County Armagh, but I live in Belfast now.
4. I was born in Scotland but raised in County Donegal.
5. I was born in County Cavan.

◆ ASKING PEOPLE WHEN THEY MET

The following questions are useful if you want to find out when a couple, or indeed any two people, met.

Cá huair a casadh ar a chéile sibh?	When did you meet?
Cá huair a casadh ar a chéile iad?	When did they meet?
Cá huair a chas tú le Mark ar dtús?	When did you first meet Mark?

BLIANTA

You learnt how to count 1–10 years in Aonad 13.
Do you remember the following pattern?

bliain	1 year
dhá bhliain	2 years
... bliana	3–6 years
... mbliana	7–10 years

Let's look now at counting between 11 and 109 years:

aon bhliain déag	11 years
dhá bhliain déag	12 years
trí ... sé bliana déag	13–16 years
seacht ... naoi mbliana déag	17–19 years
fiche bliain	20 years
fiche is a haon bliain	21 years
tríocha bliain	30 years
tríocha is a dó bliain	32 years
ceathracha/daichead bliain	40 years
ceathracha is a trí bliain	43 years
caoga bliain	50 years
caoga is a ceathair bliain	54 years
seasca bliain	60 years
seasca is a cúig bliain	65 years
seachtó bliain	70 years
seachtó is a sé bliain	76 years
ochtó bliain	80 years
ochtó is a seacht bliain	87 years
nócha bliain	90 years
nócha is a hocht bliain	98 years
céad bliain	100 years
céad is a naoi bliain	109 years

2   Write the numbers in the following in words:

1.   91 years. _____

2.   49 years. _____

3.   67 years. _____

4.   34 years. _____

SAYING WHEN YOU MET SOMEONE

Casadh ar a chéile muid …	We met …
chóir a bheith fiche bliain ó shin	almost twenty years ago
níos mó ná tríocha bliain ó shin anois	more than thirty years ago now
Chas mé le Sinéad ar dtús deich mbliana ó shin.	I first met Sinéad ten years ago.

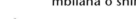 Listen to some people saying when they first met.

—Cá huair a casadh ar a chéile ar dtús sibh?
—Tá sé chóir a bheith fiche bliain ó shin anois.

—Cá huair a casadh ar a chéile sibh?
—Níos mó na deich mbliana ó shin.

—Cá huair a chas tú le Dáithí ar dtús?
—Thart fá fiche bliain ó shin.

 3   Try saying the following in Irish:

1.   When did you first meet?
2.   When did you first meet Barbara?
3.   I met Cormac almost twenty years ago.
4.   I first met Clíona over thirty years ago.
5.   About fifty years ago.

FINDING OUT HOW LONG PEOPLE HAVE BEEN TOGETHER OR SEPARATED

Cá mhéad bliain atá sibh …	How many years are you …
pósta?	married?
le chéile?	together?
scartha?	separated?
colscartha?	divorced?

The word **le** is useful when you're answering this type of question.

le cúig bliana	for five years
le chóir a bheith fiche bliain	for nearly twenty years

ASKING SOMEONE HOW MANY CHILDREN THEY HAVE

In Aonad 10 you learnt how to ask someone how many children they have:
Cá mhéad páiste atá agat?

Another way of asking this question is:
Cá mhéad duine clainne atá agat?

4   You'll hear different people saying how long they've been married and how many children they have. Try to anticipate what each of them is going to say. (Before attempting this exercise, go back to page 58 if you've forgotten how to count people.)

1.   Helen is married for twenty years and has two sons and three daughters.
2.   Dara is married for six years. He has no children.
3.   Máirtín is married for nearly ten years. He has one daughter and three sons.
4.   Julie is married for twenty-two years. She has four daughters.

5   This exercise will give you an opportunity to practise using the word **cónaí**, which we dealt with in Aonad 13. You'll hear three different people being asked where their children now live. Again, try to answer before each person does.

1.   They live in Belfast.
2.   Pól lives in Dublin, and Simon lives in Cork.
3.   Maria lives in Scotland, and Mairéad and Gerry live in England.

◆ ASKING SOMEONE IF THEY'RE RELATED TO A PARTICULAR PERSON

Sometimes you meet someone who has the same surname as someone else you know, or who looks like someone you know. To find out if they're related you can ask:

An bhfuil tú muinteartha do …	Are you related to …?
An bhfuil tú muinteartha do Mháire?	Are you related to Máire?
An bhfuil tú muinteartha di?	Are you related to her?
An bhfuil tú muinteartha dó?	Are you related to him?
An bhfuil tú muinteartha dóibh?	Are you related to them?

◆ SAYING HOW YOU'RE RELATED TO SOMEONE

Is deartháir liom é.	He's a brother of mine.
Is deirfiúr liom í.	She's a sister of mine.
Is col ceathracha muid.	We're cousins.
Níl muid muinteartha ar chor ar bith.	We're not related at all.

Listen to some examples on the tape. Look out for the phrase **Tá sibh an-chosúil le chéile** (You're very alike).

—**A Bhríd, ar mhaith leat a dhul go Doire ag siopadóireacht Dé Sathairn?**
—**Ní thig liom. Tá mé ag dul chuig bainis Yvonne Ní Fhearraigh.**
—**An bhfuil tú muinteartha di?**
—**Tá. Is col ceathracha muid.**

—**An bhfuil tusa muinteartha do Sheán Ó Riain?**
—**Tá. Is dearthair liom é.**
—**Tá sibh an-chosúil le chéile.**

 6   Imagine that you're a guest at the wedding of two friends, Dónall and
Eibhlín. See how you get on in the following conversation with one of the
other guests.

—**An bhfuil tú muinteartha do Dhónall?**
Say, 'Yes, we're cousins,' and ask him if he's related to Eibhlín.

—**Tá. Is deirfiúr liom í.**
Say, 'You're very alike.'

DÁTAÍ

In Aonad 25 we looked at the months of the year and at the dates
from the first to the tenth. Let's now look at the other dates:

an t-aonú lá déag	the eleventh
an dara lá déag	the twelfth
an tríú lá déag	the thirteenth
an ceathrú lá déag	the fourteenth
an cúigiú lá déag	the fifteenth
an séú lá déag	the sixteenth
an seachtú lá déag	the seventeenth
an t-ochtú lá déag	the eighteenth
an naoú lá déag	the nineteenth
an fichiú lá	the twentieth

For the twenty-first to the twenty-ninth you simply add **fichead**
instead of **déag** to the above:

an t-aonú lá fichead
an séú lá fichead

Here are the remaining dates:

an tríochadú lá	the thirtieth
an tríocha is a haonú lá	the thirty-first

◆ **ASKING ON WHAT DATE SOMETHING IS HAPPENING**

Cad é an dáta atá …?

or

Cén dáta atá …?   What date is …?
Cén dáta atá an chóisir ar siúl?   What date is the party on?

7   Try saying the following dates in Irish:

1.   The nineteenth of August.
2.   The sixth of October.
3.   The twenty-third of November.
4.   The thirty-first of April.
5.   The thirteenth of December.

Can you now do the following?	Yes	No	If not, go back to page
Ask where someone was born			148
Say where you were born and reared			148
Name the counties of Ulster			149
Ask people when they met			149
Count up to a hundred years			150
Say when you met someone			151
Find out how long people have been together or separated			151
Ask someone how many children they have			151
Ask someone if they're related to a particular person			152
Say how you're related to someone			152
Say the dates 11th to 31st			153
Ask on what date something is happening			154

Ag dul go dtí an bhialann
Going to the restaurant

FINDING OUT IF SOMEONE WANTS TO GO FOR A MEAL

Ar mhaith leat a dhul amach fá choinne béile?	Would you like to go out for a meal?
Ar mhaith leat rud éigin a ithe?	Would you like to eat something?

A more indirect way of finding out if someone wants to go and get something to eat is:

An bhfuil ocras ort?	Are you hungry?

 Listen to some examples on the tape.

—A Phádraig, ar mhaith leat a dhul amach fá choinne béile?
—Ba bhreá liom. Tá an-ocras orm.

—A Úna, an bhfuil ocras ort?
—Tá, beagán.
—Ar mhaith leat rud éigin a ithe?
—Anois? An bhfuil am lóin ann?
—Chóir a bheith.
—Maith go leor. Goitse.

OFFERING SOMEONE A DRINK

You're already familiar with the phrase:

Ar mhaith leat deoch?	Would you like a drink?

Another way of asking the same question is:

An mbeidh deoch agat?	Will you have a drink?

ASKING FOR A MENU

An dtiocfadh liom an biachlár a fheiceáil, le do thoil?	Could I see the menu, please?
An dtiocfadh linn an biachlár a fheiceáil, le do thoil?	Could we see the menu please?

An Ghrideall

BIACHLÁR

An chéad chúrsa	*Starters*
Sú glasraí le harán baile bán nó donn	Vegetable soup with home-made white or brown bread
Bradán deataithe	Smoked salmon
Diúilicíní	Mussels
Beacáin ghairleoige	Garlic mushrooms

An príomhchúrsa	*The main course*
Breac	Trout
Stéig	Steak
Turcaí agus liamhás	Turkey and ham
Sicín rósta	Roast chicken
Uibheagán	Omelette

Glasraí	*Vegetables*
Sceallógaí	Chips
Prátaí	Potatoes
Cóilis	Cauliflower
Piseannaí	Peas
Oinniúin	Onions
Cairéidí	Carrots
Beacáin	Mushrooms

Milseogaí	*Desserts*
Uachtar reoite	Ice-cream
Sailéad torthaí	Fruit salad
Cáca cáise	Cheesecake
Píóg úll	Apple pie
Uachtar	Cream

◆◆◆◆◆◆◆◆◆◆◆◆◆◆◆◆◆◆◆◆◆◆◆◆◆

◆ ASKING IF SOMEONE IS READY TO ORDER

An bhfuil tú réidh le hordú?	Are you ready to order?

or

An bhfuil sibh réidh le hordú?

◆ ORDERING A STARTER

Ba mhaith liom sú glasraí agus arán bán don chéad chúrsa, le do thoil.	I'd like vegetable soup and white bread for starters, please.
Beidh na diúilicíní agamsa, le do thoil.	I'll have the mussels, please.

 Have a listen to some people on the tape ordering starters.

—An bhfuil sibh réidh le hordú?
—Tá. Ba mhaith liomsa na beacáin ghairleoige don chéad chúrsa, le do thoil.
—Beidh an bradán deataithe agamsa, le do thoil.
—Ar mhaith leat arán donn leis an bhradán?
—Ba mhaith, go raibh maith agat.

—An bhfuil tú réidh le hordú?
—Tá. Beidh na diúilicíní agam don chéad chúrsa, le do thoil, le harán baile donn.
—Cinnte.

 1 You'll hear two people ordering starters. Try to say the order before they do.

—An bhfuil tú réidh le hordú?
Say, 'Yes, I'd like the mussels with home-made brown bread, please.'

—An bhfuil tú réidh le hordú?
Say, 'Yes, I'll have the smoked salmon.'
—Ar mhaith leat arán leis?
Say, 'No, thank you.'

◆ ASKING WHAT SOMEONE WOULD LIKE FOR THE MAIN COURSE

Cad é ba mhaith leat don phríomhchúrsa?	What would you like for the main course?

or
Cad é ba mhaith libh don phríomhchúrsa?

Cad é na glasraí a ba mhaith leat?	What vegetables would you like?

Have a listen to some people on the tape ordering main courses and vegetables.

—Cad é ba mhaith leat don phríomhchúrsa?
—Beidh an breac agam, le do thoil.
—Agus cad é na glasraí a ba mhaith leat?
—Prátaí agus piseannaí.

—Cad é ba mhaith libh don phríomhchúrsa?
—Ba mhaith liomsa an t-uibheagán, le do thoil.
—Ar mhaith leat glasraí?
—Ba mhaith. Beidh sceallógaí agus oinniúin agam, le do thoil.
—Agus tú féin? Cad é ba mhaith leat?
—Beidh an turcaí agus liamhás agamsa.
—Cad é na glasraí a ba mhaith leat?
—Cóilis agus prátaí, le do thoil.

 2   Can you say the following in Irish?

1.   Will you have a drink?
2.   Are you ready to order?
3.   I'll have the vegetable soup, please.
4.   I'd like the omelette, please.
5.   What vegetables would you like?
6.   I'd like mushrooms and chips, please.

◆ **ASKING FOR THE WINE LIST**

Gabh mo leithscéal—an clár fíona,   Excuse me—the wine list, please.
    le do thoil.

◆ **FINDING OUT WHAT SOMEONE WOULD LIKE TO DRINK**

You're often asked the following question after you've ordered your food:

Cad é a ólfaidh tú?   What will you drink?
or
Cad é a ólfaidh sibh?

Sometimes you're asked to make a choice:

Cé acu ab fhearr leat, fíon bán   Which would you prefer, red or white
    nó fíon dearg?   wine?

The other drinks available in a restaurant are usually included in the wine list as well.
Have a listen to people ordering from the wine list.

—Gabh mo leithscéal—an clár fíona, le do thoil.
—Cinnte.
—Cé acu ab fhearr leat, a Christín, fíon bán nó fíon dearg?
—Fíon bán.
—Buidéal Chardonnay, le do thoil.

—Cad é a ólfaidh sibh?
—Vodka agus oráiste domhsa, le do thoil.
—Ba mhaith liomsa gloine beorach.

◆ ASKING IF SOMEONE WOULD LIKE DESSERT

Ar mhaith leat milseog?   Would you like dessert?
or
Ar mhaith libh milseog?

◆ ORDERING DESSERT

Cad é na milseogaí atá agaibh?   What desserts have you?
Ba mhaith liom pióg úll le   I'd like apple pie with cream, please.
   huachtar, le do thoil.
Beidh uachtar reoite agamsa, le do thoil. I'll have ice-cream, please.

 3   You'll hear some people being asked if they would like dessert. Try to
      answer before they do.

—Ar mhaith leat milseog?
Say, 'Yes, I'd like the cheesecake.'

—Ar mhaith leat milseog?
Say, 'What desserts have you?'
—Tá saileád torthaí agus cáca cáise againn.
Say, 'I'll have fruit salad, please.'

—Ar mhaith leat milseog?
Say, 'No, thank you, I'll have a cup of coffee.'

◆ FINDING OUT WHAT SOMEONE THINKS OF THEIR MEAL

Cad é mar atá do bhéile?   How is your meal?

◆ COMMENTING ON FOOD

Tá sé …	It's …
galánta	lovely
an-bhlasta	very tasty
an-mhilis	very sweet
an-te	very hot
fuar	cold
Tá drochbhlas air seo.	This tastes bad.
Níl an t-iasc seo úr.	This fish isn't fresh.
Tá na glasraí róbhruite.	The vegetables are overdone.
Níl sé ródheas.	It's not very nice.

 Listen to some people commenting on their food.

—**Cad é mar atá do bhéile, a Shiobhán?**
—**Tá sé galánta.**

—**An bhfuil an stéig go deas?**
—**Tá sé an-bhlasta, ach tá na glasraí róbhruite.**

—**Tá an t-uibheagán seo fuar.**
—**An bhfuil?**
—**Tá. Níl sé ródheas.**

Cad é mar atá
do bhéile?

 4   Can you now say the following in Irish?

1. Excuse me—the wine list, please.
2. What will you drink?
3. Which would you prefer, red or white wine?
4. What desserts have you?
5. How is your meal?
6. It's very tasty.

5   These people are not at all happy with their food. Fill the blanks with a
    suitable word from the box. (Each word can be used only once.)

1.   Tá _____ ar an stéig seo.
2.   Níl an sicín seo _____. Níl sé rósta go leor.
3.   Tá an sú seo _____!
4.   Níl an breac seo ródheas. Tá mé cinnte nach bhfuil sé

      _____.
5.   Ní maith liom na glasraí seo. Tá siad _____.

róbhruite
úr
drochbhlas
fuar
ródheas

Can you now do the following?	Yes	No	If not, go back to page
Find out if someone wants to go for meal			155
Offer someone a drink			155
Ask for a menu			155
Ask if someone is ready to order			156
Order a starter			157
Ask what someone would like for the main course			157
Ask for the wine list			158
Find out what someone would like to drink			158
Ask if someone would like dessert			159
Order dessert			159
Find out what someone thinks of their meal			159
Comment on food			160

28 AONAD Caitheamh aimsire agus buanna
Pastimes and talents

◆ **FINDING OUT WHAT SOMEONE DOES IN THEIR SPARE TIME**

Cad é an caitheamh aimsire atá agat? What pastime have you?

◆ **SAYING WHAT PASTIMES YOU HAVE**

Imrím …	I play …
leadóg	tennis
peil	football
cispheil	basketball
eitpheil	volleyball
Téim ag rith go minic.	I often go running.
Téim ag iascaireacht anois is arís.	I go fishing now and again.
Téim ag snámh sa samhradh.	I go swimming in the summer.
Téim ag sciáil sa gheimhreadh.	I go skiing in the winter.

 Have a listen to some people saying what sports they play.

—An mbeidh tú gnóthach Dé Sathairn, a Aisling?
—Bhuel, imrím cispheil maidin Dé Sathairn, ach ní bheidh mé gnóthach tráthnóna Dé Sathairn.

—Cad é an caitheamh aimsire atá agat, a Frank?
—Imrím leadóg anois is arís.

—An maith leat peil, a Mhairéad?
—Ní maith, ach imrím eitpheil go minic.

◆ **SAYING WHAT YOU LIKE DOING**

Is maith liom …	I like …
a dhul ag siúl sna sléibhte	to go hill-walking
éisteacht le ceol	listening to music
a bheith ag léamh	reading
a bheith ag scríobh	writing

a bheith ag péinteáil   painting
a bheith ag taisteal   travelling

 1   You'll hear people being asked what they like doing in their spare time. See if you can answer before they do.

—**Cad é an caitheamh aimsire atá agat?**

Say, 'I like to go hill-walking, and I like writing.'

—**An maith leat spórt, a Emer?**

Say, 'Yes, I do. I play volleyball every Thursday and basketball every Saturday morning.'

—**Cad é an caitheamh aimsire atá agat?**

Say, 'I like travelling. I'm going to America next month.'

◆ ASKING IF SOMEONE IS INTERESTED IN A PARTICULAR THING

An bhfuil suim agat i …	Are you interested in …
or	
An bhfuil suim agat sa …	
stair?	history?
tseandálaíocht?	archaeology?
litríocht?	literature?

Here are some possible answers:

Tá.	Yes, I am.
Níl.	No, I'm not.
Tá suim mhór agam ann.	I have a great interest in it.
Níl suim dá laghad agam ann.	I haven't the slightest interest in it.
Sílim go bhfuil sé ceart go leor.	I think it's all right.
Sílim go bhfuil sé an-leadránach.	I think it's very boring.

FAISNÉIS

 215-16

When asking if someone is interested in something, you can use:

An bhfuil suim agat i …	Are you interested in …
An bhfuil suim agat i gceol?	
or	
An bhfuil suim agat sa …	Are you interested in …
	(literally, Are you interested in the …)
An bhfuil suim agat sa cheol?	

Both forms are commonly used, and both are equally correct.

2 You'll hear people being asked whether or not they're interested in something. See if you can answer before they do.

—**An bhfuil suim agat sa litríocht?**
Say, 'I haven't the slightest interest in it.'

—**An bhfuil suim agat i seandálaíocht?**
Say, 'I have a great interest in it.'

—**An bhfuil suim ar bith agat i matamaitic?**
Say, 'No. I think it's boring.'

—**Bhuel, an bhfuil suim agat sa stair?**
Say, 'I think it's all right.'

ASKING IF SOMEONE IS ABLE TO DO SOMETHING

An bhfuil snámh agat?	Can you swim?
An bhfuil ceol agat?	Are you musical?
An bhfuil tú ábalta carr a thiomáint?	Can you drive a car?
An bhfuil tú ábalta ríomhaire a úsáid?	Can you use a computer?
An bhfuil tú ábalta gléas ceoil a sheinm?	Can you play a musical instrument?

GIVING YOUR REPLY

In reply to all the above questions you can use:

Tá.   Yes.
or
Níl.   No.

Other useful phrases are:

Níl mé rómhaith.	I'm not very good.
Tá mé ag foghlaim.	I'm learning.
Ba mhaith liom foghlaim.	I'd like to learn.

SAYING HOW EASY OR DIFFICULT SOMETHING IS

Tá sé deacair.	It's difficult.
Tá sé furasta go leor.	It's easy enough.
Tá sé an-fhurasta.	It's very easy.
Tá sé iontach deacair.	It's very difficult.
Tá sé ródheacair.	It's too difficult.

Have a listen to people being asked whether or not they are able to do something. Look out for:

Ba cheart duit   You should

and

ceacht   lesson

—An bhfuil tú ábalta carr a thiomáint?

—Tá. An bhfuil tusa?

—Níl. Ba mhaith liom foghlaim.

—Ba cheart duit foghlaim, cinnte. Tá sé furasta go leor.

—A Laoise, an bhfuil tusa ábalta carr a thiomáint?

—Níl suim dá laghad agam ann. Sílim go bhfuil sé iontach deacair.

—An bhfuil tú ábalta ríomhaire a úsáid?

—Níl mé rómhaith, ach tá mé ag foghlaim.

—Is maith sin. Tá sé an-fhurasta.

—A Chiaráin, tá sé a cúig a chlog. Tá ceacht pianó agat.

—Á, a Mhamaí, níl mé ag dul. Tá sé ródheacair.

Tá seo i bhfad ródheacair!

ASKING HOW LONG SOMEONE HAS BEEN DOING SOMETHING

Cá fhad atá tú ag tiomáint leoraí?	How long have you been driving a lorry?
Cá fhad atá tú ag seinm na fidle?	How long have you been playing the fiddle?
Cá fhad atá tú ag péinteáil?	How long have you been painting?

SAYING HOW LONG YOU'VE BEEN DOING SOMETHING

le cúig bliana anuas	for the past five years
le deich mbliana nó níos mó	for ten years or more
le sé seachtainí nó mar sin	for the past six weeks or thereabouts
le coicís	for the past fortnight
le deich lá anuas	for the past ten days

3   Try saying the following in Irish:

1.   Can you swim?
2.   I'm not very good.
3.   It's easy enough.
4.   It's very difficult.
5.   How long have you been playing the fiddle?
6.   For the past seven years.

◆ ASKING HOW OFTEN SOMEONE DOES SOMETHING

Cad é chomh minic …	How often …
is a bhíonn ceacht agat?	do you have a lesson?
is a bhíonn tú ag cleachtadh?	do you practise?
is a bhíonn rang agat?	do you have a class?
is a bhíonn tú ag imirt?	do you play? (sport)
is a bhíonn tú ag seinm?	do you play? (music)

◆ SAYING HOW OFTEN YOU DO SOMETHING

Bíonn rang agam uair sa tseachtain.	I have a class once a week.
Bím ag cleachtadh trí huaire sa tseachtain.	I practise three times a week.
Bím ag seinm cúpla uair sa mhí.	I play [music] a couple of times a month.
Bím ag imirt achan deireadh seachtaine.	I play [sport] every weekend.
Bíonn ceacht agam ceithre huaire sa tseachtain.	I have a lesson four times a week.

◆ ASKING SOMEONE HOW THEY'RE GETTING ON

If someone is learning a new skill or if they're in the middle of some work or project, you might like to ask:

Cad é mar atá ag éirí leat?	How are you getting on?
or	
Cad é mar atá ag éirí libh?	

◆ SAYING HOW YOU'RE GETTING ON

Tá ag éirí go maith liom.	I'm doing fine.
Tá ag éirí go hiontach liom.	I'm doing really well.
Níl ag éirí go rómhaith liom.	I'm not doing very well.
Tá eagla orm nach bhfuil ag éirí go rómhaith liom.	I'm afraid I'm not doing very well.

4   Can you unjumble and punctuate the following phrases?

1.   atá ag leat éirí cad é mar
2.   ceacht huaire bíonn agam tseachtain sa trí
3.   maith liom éirí tá go ag

 Have a listen to some people discussing what musical instruments they're learning and how they're getting on.

—Chuala mé go bhfuil tú ag foghlaim na fidle, a Choilm.
—Tá, le sé mhí anuas. Bíonn ceacht agam maidin Dé Sathairn.
—Cad é mar atá ag éirí leat?
—Níl ag éirí go rómhaith liom. Tá sé deacair go leor.
—Cad é chomh minic is a bhíonn tú ag cleachtadh?
—Thart fá thrí huaire sa tseachtain.
—Ó, a Choilm, ba cheart duit a bheith ag cleachtadh achan lá.

'Cad é chomh minic is a bhíonn ceacht agat?'
'Dhá uair sa tseachtain, de ghnáth.'

—A Chaitríona, cá fhad atá tú ag seinm an ghiotáir?
—Le dhá bhliain anuas. Tá mé i ngrúpa ceoil anois.
—Cad é chomh minic is a bhíonn sibh ag seinm?
—Achan deireadh seachtaine. Tá tusa ag foghlaim an phianó, nach bhfuil?
—Tá.
—Cad é mar atá ag éirí leat?
—Tá ag éirí go maith liom.

5   Fill in the blanks in this conversation between Mairéad and Pól with words from the box. (Each word can be used only once.)

—Cá _____ atá tú ag péinteáil, a Mhairéad?
—Le cúig _____ anuas. Níl mé _____!
—Tá mise ag dul chuig _____ péintéireachta.
—An bhfuil? Cad é chomh _____ is a bhíonn rang agat?
—_____ sa tseachtain. Tá sé _____ ach is breá liom é. Tá _____ mhór agam ann.
—Is breá liomsa a _____ ag péinteáil fosta.

| fhad |
| bliana |
| rómhaith |
| rang |
| minic |
| uair |
| deacair |
| suim |
| bheith |

6 If you can say the following twelve sentences in Irish, you've studied this
   unit very well. **Ádh mór ort!**

1. What pastimes have you?
2. I play basketball.
3. I like writing.
4. Are you interested in history?
5. Are you musical?
6. Can you play a musical instrument?
7. How often do you practise?
8. It's too difficult.
9. How long have you been driving?
10. For the past ten years or thereabouts.
11. How are you getting on?
12. I'm afraid I'm not getting on very well.

Can you now do the following?	Yes	No	If not, go back to page
Find out what someone does in their spare time			162
Say what pastimes you have			162
Say what you like doing			162
Ask if someone is interested in a particular thing			163
Ask if someone is able to do something			164
Reply to that question			164
Say how easy/difficult something is			164
Ask how long someone has been doing something			165
Say how long you've been doing something			165
Ask how often someone does something			166
Say how often you do something			166
Ask someone how they're getting on			166
Say how you're getting on			166

29 AONAD

Ag cónaí agus ag obair thar lear
Living and working abroad

◆ GREETING SOMEONE YOU HAVEN'T SEEN FOR A WHILE

Cad é an dóigh atá ort?	How are you keeping?
Ní fhaca mé le fada tú.	I haven't seen you in a long time.
Ní fhaca mé le tamall tú.	I haven't seen you for a while.

◆ ASKING SOMEONE IF THEY'VE BEEN ABROAD

An raibh tú thar lear?	Were you abroad?
	or
	Have you been abroad?

◆ SAYING YOU'VE BEEN ABROAD

Bhí mé thar lear.	I was abroad.

◆ SAYING WHAT COUNTRY YOU'VE BEEN TO

You learnt the names of various countries in Aonad 18. Let's look now at how you say you've been in a particular country.

Bhí mé …	I was …
sa Spáinn	in Spain
sa Ghearmáin	in Germany
san Iodáil	in Italy
san Astráil	in Australia
i Meiriceá	in America
i Sasana	in England
in Albain	in Scotland

FAISNÉIS

There are different ways of saying 'in' a country in Irish, depending on whether or not the name of the country is preceded by the article, **an**.

If it is, you use **sa** before a consonant and **san** before a vowel:

an Fhrainc	France
sa Fhrainc	in France
an Iodáil	Italy
san Iodáil	in Italy

If the name of the country is *not* preceded by **an**, you use **i** before a consonant and **in** before a vowel:

Meiriceá	America
i Meiriceá	in America
Albain	Scotland
in Albain	in Scotland

Where the name is preceded by the *plural* article, **sna** is used:

na Stáit Aontaithe	the United States
sna Stáit Aontaithe	in the United States

 Have a listen now to people discussing being abroad. Look out for the phrase **Nach tú atá ag amharc go maith!** (Aren't you looking well!).

—Cad é mar atá tú, a Bhriain? Ní fhaca mé le fada tú. An raibh tú thar lear?
—Bhí. Bhí mé sa Ghearmáin ar feadh trí mhí.

—Ní fhaca mé le fada tú, a Chaitríona.
—Bhí mé thar lear.
—Ó, cá háit a raibh tú?
—Bhí mé ag obair sa Spáinn ar feadh sé mhí.

—Cad é mar atá tú, a Nuala?
—Tá mé go breá.
—Nach tú atá ag amharc go maith! Chuala mé go raibh tú thar lear.
—Bhí. Bhí mé san Iodáil ar feadh cúpla mí.

◆ **SAYING HOW LONG YOU WERE ABROAD**

We already came across **ar feadh** (for) in Aonad 18. It can also be used when referring to the past.

Bhí mé ansin ...	I was there ...
ar feadh míosa	for a month
ar feadh dhá mhí	for two months
ar feadh seacht mí	for seven months
ar feadh bliana	for a year

 1   You'll hear different people being asked where they've been. Try to give the answer before each person does.

1. I was in America for eight months.
2. I was in Spain for three months.
3. I was in Germany for six months.
4. I was in England for a year.
5. I was in the United States for a month.

FAISNÉIS

 209

As you saw in Aonad 18, nouns that directly follow **ar feadh** are in the genitive case, and most undergo some change:

mí—ar feadh míosa
bliain—ar feadh bliana

However, if a *number* is placed between **ar feadh** and the noun, there is no change other than that caused by the number:

ar feadh dhá mhí
ar feadh ocht mí
ar feadh dhá bhliain

You can use **ar feadh** to refer to a period in the past that is finished:

Bhí mé ansin ar feadh bliana.   I was there for a year.

Le, which we came across in Aonad 26, is used to refer to something that is continuing:

Tá mé i mo chónaí anseo le cúig bliana.   I'm living here for five years.

◆ **ASKING SOMEONE WHEN THEY CAME BACK**

Cá huair a tháinig tú ar ais?   When did you come back?

 Listen to some people being asked when they returned from abroad.

—Chuala mé go raibh tú san Iodáil. Cá huair a tháinig tú ar ais?
—Trí seachtainí ó shin.

—Bhí tú i Meiriceá tamall. Cá huair a tháinig tú ar ais?
—Arú inné.

—Cá huair a tháinig tú ar ais ón Spáinn?
—Coicís ó shin.

 2   Try saying the following in Irish:

1.   How are you keeping?
2.   I haven't seen you for a while.
3.   Were you abroad?
4.   Where were you?
5.   When did you come back?
6.   I came back three days ago.

◆ **ASKING SOMEONE IF THEY WERE WORKING THERE**

An raibh tú ag obair ansin?
Were you working there?

'A Pheadair, ní fhaca mé le tamall tú!'
'Bhí mé thar lear ar feadh coicíse.'

◆ **SAYING WHAT WORK YOU DID**

Bhí mé ag múineadh Béarla.	I was teaching English.
Bhí mé ag tabhairt aire do pháistí.	I was taking care of children.
Bhí mé ag staidéar.	I was studying.
Bhí mé ag déanamh cúrsa Fraincise.	I was doing a French course.
Bhí mé ag obair mar thógálaí.	I was working as a builder.

◆ **SAYING THAT SOMETHING WAS GREAT**

Bhí sé go hiontach.	It was great.
Bhí sé go hiontach ar fad.	It was really great.

◆ **SAYING WHY YOU DIDN'T ENJOY BEING SOMEWHERE**

Bhí sé an-fhuar ansin.	It was very cold there.
Bhí sé i bhfad róthe.	It was far too hot.
Bhí cumha orm.	I was homesick.
Bhí an obair róchrua.	The work was too hard.

Listen to people saying whether or not they enjoyed being abroad.

—Bhí tú san Iodáil. Ar bhain tú sult as?
—Níor bhain. Bhí sé i bhfad róthe.

—Chuala mé go raibh tú i Meiriceá. Ar bhain tú sult as?
—Bhain. Bhí sé go hiontach ar fad.

—Cad é mar atá tú, a Chaoimhín? Ní fhaca mé le fada tú. Cá raibh tú?
—Bhí mé ag obair i Sasana.
—Ar bhain tú sult as?
—Níor bhain, muise. Bhí an obair i bhfad róchrua.

3   Imagine that your name is Gearóidín and that you've just spent six months teaching English in Greece. A week after returning home you meet a friend whom you haven't seen for a while. Try participating in the conversation below.

—Á, a Ghearóidín. Ní fhaca mé le fada tú.
Say, 'I was abroad.'

—Cá háit a raibh tú?
Say, 'I was in Greece for six months. I was teaching English.'

—Cá huair a tháinig tú ar ais?
Say, 'A week ago.'

—Ar bhain tú sult as?
Say, 'I did. It was great.'

NÁISIÚNTACHTAÍ   Nationalities

Éireannach	an Irish person
Éireannaigh	Irish people
Francach	a French person
Francaigh	French people
Spáinneach	a Spaniard
Spáinnigh	Spanish people
Gearmánach	a German
Gearmánaigh	German people
Iodálach	an Italian
Iodálaigh	Italian people
Astrálach	an Australian
Astrálaigh	Australian people
Meiriceánach	an American
Meiriceánaigh	American people
Sasanach	an English person
Sasanaigh	English people
Albanach	a Scot
Albanaigh	Scottish people

Very often the plural article, **na**, is placed before the above words:

Chaith na Gearmánaigh go maith liom.
The Germans treated me well.

FAISNÉIS

The nouns you have just learnt can also be used as adjectives:

Francach	a French person
bia Francach	French food
Spáinneach	a Spaniard
ceol Spáinneach	Spanish music

◆ ASKING FOR AN OPINION ON A NATIONALITY

Cad é a shíleann tú de na hIodálaigh? What do think of the Italians?

◆ GIVING AN OPINION ON A NATIONALITY

Tá siad iontach* cineálta.	They're very kind.
Tá siad an-díograiseach mar dhaoine.	They're very diligent people.
Tá siad lách mar dhaoine.	They're pleasant people.

* In the Ulster dialect, **iontach** is often used instead of **an-**.

4   You'll hear people being asked their opinion on different nationalities.
Try to answer before each person does.

1.   They're very pleasant people.
2.   They're very diligent.
3.   I really like them. They're very pleasant.
4.   They're very friendly.
5.   They're very nice. They treated me well.

◆ ASKING SOMEONE IF THEY WENT BY THEMSELVES

An ndeachaigh tú leat féin?	Did you go by yourself?

In reply you can say:

Chuaigh./Ní dheachaigh.	Yes, I did./No, I didn't.

◆ SAYING WHO ACCOMPANIED YOU

Chuaigh mo chara Siobhán in éineacht liom.	My friend Siobhán went with me.
Chuaigh mo chairde Dónall agus Niall liom.	My friends Dónall and Niall went with me.

◆ ASKING SOMEONE IF THEY LIVED ALONE OR WITH OTHER PEOPLE

An raibh tú i do chónaí leat féin?   Did you live alone?
An raibh tú i do chónaí le daoine eile? Did you live with other people?

◆ GIVING YOUR REPLY

Bhí./Ní raibh.   Yes, I was./No, I wasn't.

Two other phrases that you might use are:

Bhí ar dtús …   I was at first …
ach ansin bhog mé isteach le   but then I moved in with other people.
   daoine eile.

or

ach ansin fuair mé áit domh féin.   but then I got my own place.

5   Try saying the following in Irish

1.   What do you think of the Spaniards?
2.   Do you like French wine?
3.   Did you go there alone?
4.   My friend Peadar went with me.
5.   Did you live alone or with other people?

Can you now do the following?	Yes	No	If not, go back to page
Greet someone you haven't seen for a while			169
Ask someone if they've been abroad			169
Say you've been abroad			169
Say what country you've been to			169
Say how long you were abroad			171
Ask someone when they came back			172
Ask someone if they were working there			172
Say what work you did			172
Say that something was great			172
Say why you didn't enjoy being somewhere			173
Ask for an opinion on a nationality			174
Give an opinion on a nationality			174
Ask someone whether they went by themselves			174
Say who accompanied you			174
Ask someone if they lived alone or with other people			175
Reply to that question			175

30 AONAD
Ag labhairt faoin am atá le theacht
Speaking about the future

◆ USING THE PRESENT TENSE TO TALK ABOUT THE FUTURE

You can use the present tense followed by a *verbal noun* to talk about things that are going to happen in the future, in the same way that you can in English. Here are some examples:

Tá mé ag bualadh le Mark ag a naoi.	I'm meeting Mark at nine.
Tá Fiona ag teacht ar ais óna saoire amárach.	Fiona is coming back from her holidays tomorrow.
Tá mé ag imeacht arís amárach.	I'm leaving again tomorrow.

 Have a listen to some examples on the tape.

—**An bhfuil tú ag iarraidh deoch eile?**
—**Níl, go raibh maith agat. Tá mé ag tiomáint go Dún na nGall i gceann uair a chloig.**

—**Tá Eibhlín ag teacht ar ais amárach.**
—**Is maith sin.**

—**Tá mé ag dul ag siopadóireacht i nDoire amárach, a Mháire. An bhfuil rud ar bith de dhíth ort?**
—**Níl, go raibh maith agat.**

 1   Can you say the following in Irish?

1.   I'm going to the post office at two o'clock.
2.   I'm playing football tomorrow morning.
3.   I'm going to a play tomorrow night.
4.   He's leaving next week.
5.   She's going swimming at half past five.
6.   They're painting the house next weekend.

FAISNÉIS

224-5

THE FUTURE TENSE

Verbs that end in –ann or –eann in the present tense:
You replace the present tense endings with –**faidh** (after the broad vowels **a**, **o**, and **u**) or –**fidh** (after the slender vowels **i** and **e**).

ólann sé	he drinks
ólfaidh sé	he will drink
cuireann sí	she puts
cuirfidh sí	she will put

Verbs that end in –**aíonn** or –**íonn** in the present tense:
You replace the present tense endings with –**óidh** (after the broad vowels **a**, **o**, and **u**) or –**eoidh** (after the slender vowels **i** and **e**).

ceannaíonn sí	she buys
ceannóidh sí	she will buy
imíonn siad	they go/leave
imeoidh siad	they will go/leave

THE IRREGULAR VERBS

Here are the future tense forms of some of the irregular verbs:

An rachaidh tú ...?	Will you go ...?
Rachaidh./Ní rachaidh.	Yes, I will./No, I won't.
An mbeidh tú ...?	Will you be ...?
Beidh./Ní bheidh.	Yes, I will./No, I won't.
An dtabharfaidh tú ...?	Will you give ...?
Tabharfaidh./Ní thabharfaidh.	Yes, I will./No, I won't.
An bhfaighidh tú ...?	Will you get ...?
Gheobhaidh./Ní bhfaighidh.	Yes, I will./No, I won't.
An bhfeicfidh tú ...?	Will you see ...?
Chífidh./Ní fheicfidh.	Yes, I will./No, I won't.
An ndéanfaidh tú ...?	Will you do/make ...?
Déanfaidh./Ní dhéanfaidh.	Yes, I will./No, I won't.
An ndéarfaidh tú ...?	Will you say/tell ...?
Déarfaidh./Ní dhéarfaidh.	Yes, I will./No, I won't.

It is not necessary to use personal pronouns—**mé, tú, sé, sí,** etc.—when answering
a question:

An rachaidh Bríd leat?	Will Bríd go with you?
Rachaidh./Ní rachaidh.	Yes, she will./No, she won't.

OFFERING TO DO SOMEONE A FAVOUR

The future tense is used when offering to do someone a favour.

An gcuirfidh mé an t-im sa chuisneoir duit?	Will I put the butter in the fridge for you?
An rachaidh mé go dtí an otharlann leat?	Will I go to the hospital with you?
An dtabharfaidh mé síob duit?	Will I give you a lift?

ASKING SOMEONE TO DO YOU A FAVOUR

The future tense is also used when asking someone to do *you* a favour.

An bhfaighidh tú páipéar nuachta domh?	Will you get a newspaper for me?
An ndéarfaidh tú léi go raibh mé ag cur a tuairisce?	Will you tell her that I was asking for her?
An ndéanfaidh tú gar domh?	Will you do me a favour?

Listen to some examples on the tape. Look out for the phrase **Níl mé ach ag magadh**
(I'm only joking).

—Cá bhfuil tú ag dul, a Éamainn?
—Tá mé ag dul amach le Peigí.
—Ó, an ndéarfaidh tú léi go raibh mé ag cur a tuairisce?
—Déarfaidh, cinnte.

—A Christín, an ndéanfaidh tú gar domh?
—Ní dhéanfaidh. Tá mé ag imeacht anois.
—Á, a Christín!
—Níl mé ach ag magadh. Déanfaidh, cinnte.
—An gcuirfidh tú an litir seo sa phost domh?
—Maith go leor. Slán go fóill.

—An bhfaighidh tú na glasraí domh, a Pheadair? Tá siad istigh sa phrios
sin.
—Gheobhaidh, cinnte.

2   You'll hear people being asked to do some favour. Try to ask each favour before the person on the tape does.

1. Dónall, will you do me a favour?
2. Caitlín, will you go to the post office for me?
3. Cathal, will you give me a lift?

In the next two examples you're offering to do someone a favour.

4. Louise, will I put the towels (**na tuáillí**) in the bathroom for you?
5. Will I get a newspaper for you?

An bhfaighidh mé páipéar nuachta duit?

◆ ASKING ABOUT FUTURE EVENTS

An mbeidh tú sa bhaile amárach?	Will you be at home tomorrow?
Beidh./Ní bheidh.	I will./I won't.
An bhfeicfidh mé amárach tú?	Will I see you tomorrow?
Chífidh./Ní fheicfidh.	You will./You won't.
An bhfaighidh tú seans a dhul chuig an dráma?	Will you get a chance to go to the play?
Gheobhaidh./Ní bhfaighidh.	I will./I won't.

 Have a listen to people talking about future events.

—An mbeidh tú saor tráthnóna amárach?
—Ní bheidh. Beidh mé ag tabhairt aire do na páistí.

—An bhfeicfidh tusa Aisling anocht?
—Chífidh.
—An ndéarfaidh tú léi scairt a chur orm?
—Déarfaidh, cinnte.

—An bhfaighfidh tú seans a dhul go dtí an t-ollmhargadh inniu?
—Gheobhaidh, ag am lóin.
—Is maith sin. Tá prátaí agus glasraí de dhíth orainn.

3   You'll hear people being asked about future events. Try to answer before
            they do.

—**A Phádraig, an mbeidh tusa saor Dé Sathairn?**
Say, 'Yes, I will.'
—**An rachaidh tú go hInis Ceithleann liom?**
Say, 'I will, surely.'

—**Tá tusa ag obair le Deirdre, nach bhfuil?**
Say, 'Yes, I am.'
—**An bhfeicfidh tú amárach í?**
Say, 'No, I'm not working tomorrow.'
—**Tá sin ceart go leor. Cuirfidh mé scairt uirthi.**

4   Can you write the following sentences in Irish?

1.   Will you go to Derry with me on Friday?

_____

2.   Will he be at home this evening?

_____

3.   Will they see Dara at the weekend?

_____

4.   Will I get the newspaper?

_____

5.   Will you put the milk in the fridge?

_____

◆ SAYING WHEN SOMETHING WILL HAPPEN

We came across **i gceann** in Units 7 and 12. Here are some more examples.

i gceann cúpla lá	in a few days' time
i gceann seachtaine	in a week's time
i gceann coicíse	in a fortnight's time

If you want to be less specific you can use

amach anseo   some time in the future

Have a listen to some examples on the tape.

—Cad é mar atá Aodán? Chuala mé go bhfuil sé san otharlann.
—Tá sé i bhfad níos fearr. Beidh sé sa bhaile i gceann cúpla lá.
—Is maith sin.

—An bhfaighidh tú seans a dhul chuig an dráma ag an deireadh seachtaine?
—Ní bhfaighidh. Beidh mé ag obair.
—Is mór an trua sin.
—Á, chífidh mé amach anseo é.

—Chuala mé go bhfuil sibh ag dul ar saoire go dtí an Fhrainc. Cá huair atá sibh ag imeacht?
—I gceann coicíse. Tá mé ag súil go mór leis.

 5   Can you say the following in Irish?

1. I'll see you in a fortnight's time.
2. I'm going in a week's time.
3. I'll see them in a few days' time.
4. They're coming home in a week's time.
5. I'd like to go to America some time in the future.

USING THE WORD 'MÁ' TO TALK ABOUT FUTURE EVENTS

The probability of future events happening sometimes depends on other factors.

má bhíonn am agam	if I have time
má bhíonn an lá go deas	if it's a nice day
má théann tú …	if you go …
má bhíonn lá saor agam	if I have a day off
má bhím saor	if I'm free

 Have a listen to some examples on the tape.

—A Eilís, an rachaidh tú chuig scannán liom Dé hAoine?
—Rachaidh, cinnte, má bhím saor.

—Má théann tú go Béal Feirste Dé Luain, an dtabharfaidh tú síob domhsa?
—Tabharfaidh. Beidh mé ag imeacht thart fán hocht a chlog ar maidin.

—Ar mhaith leat a dhul ag snámh Dé hAoine?
—Ba mhaith, má bhíonn an lá go deas.

6   You'll hear people on the tape being asked about an event, about doing
something or going somewhere in the near future. Try to answer before
they do.

—A Sheáin, an ndéanfaidh tusa an tsiopadóireacht tráthnóna inniu?
Say, 'I will if I have the time.'

An rachaidh muid ag snámh amárach?
Say, 'Yes, if it's a nice day.'

—Ar mhaith leat a theacht go Port Rois ag an deireadh seachtaine?
Say, 'I'd love to if I'm free.'

—An mbeidh Susan ag teacht abhaile an tseachtain seo?
Say, 'She will if she has a day off.'

◆ ASKING WHAT THE WEATHER WILL BE LIKE

Cad é an cineál aimsire a bheidh ann amárach?	What will the weather be like tomorrow?

◆ SAYING WHAT THE WEATHER WILL BE LIKE

Beidh sé gaofar.	It'll be windy.
Beidh sé fliuch.	It'll be wet.
Beidh sé tirim.	It'll be dry.
Beidh clocha sneachta ann.	There will be hailstones.
Beidh tintreach agus toirneach ann.	There will be thunder and lightning.

You can use the word **déarfainn** (I'd say) if you're not sure what the weather will be like.

Beidh fearthainn throm ann, déarfainn.	It'll rain heavily, I'd say. (Literally, There will be heavy rain in it, I'd say.)

 Listen to these people saying what they think the weather will be like.

—Tá mé féin agus Aonghas ag dul ag snámh amárach, a Uncail Joe. An
bhfuil a fhios agat cad é an cineál aimsire a bheidh ann?
—Ó, beidh tintreach agus toirneach agus clocha sneachta ann, déarfainn!
—Ach mí Lúnasa atá ann!
—Níl mé ach ag magadh. Beidh lá deas ann.

—A Mháire, cad é an cineál aimsire a bheidh ann Dé hAoine?
—Chuala mé ar an raidió go mbeidh fearthainn throm ann. Cad chuige?
—Tá Gearóidín ag pósadh Dé hAoine. Is mór an trua nach mbeidh lá deas
ann.

7 Réamhaisnéis na haimsire The weather forecast

Each picture represents what the weather will be like the following day. Write an appropriate description. The first one is done for you.

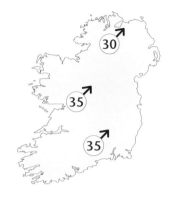

1. Beidh clocha sneachta ann.   2. _____

3. _____   4. _____

Can you now do the following?	Yes	No	If not, go back to page
Use the present tense to talk about the future			176
Offer to do someone a favour			178
Ask someone to do you a favour			178
Ask about some future events			179
Say when something will happen			180
Use the word 'má' to talk about future events			181
Ask what the weather will be like			182
Say what the weather will be like			182

Eolas Úsáideach
Useful Information

1 AN GHAELTACHT

Tá na Gaeltachtaí is mó le fáil i nDún na nGall, i nGaillimh, agus i gCiarraí. Tá ceantair bheaga eile Gaeltachta le fáil i gContaetha Chorcaí, na Mí, Phort Láirge, agus Mhaigh Eo. Tá an méid Gaeilge atá á labhairt taobh amuigh den Ghaeltacht ag méadú an t-am ar fad, rud atá soiléir ón ráchairt atá ar ranganna Gaeilge agus ar bhunscolaíocht agus ar iar-bhunscolaíocht trí mheán na Gaeilge. Tá an líon teaghlach agus daoine atá ag caitheamh a saol go dátheangach taobh amuigh den Ghaeltacht ag fás ar bhonn leanúnach.

THE GAELTACHT

The Irish-speaking regions in the country are called the Gaeltacht. The three largest Gaeltacht areas are in Counties Donegal, Galway, and Kerry. There are several other small Gaeltacht areas scattered around the country, in Counties Cork, Meath, Waterford, and Mayo. The amount of Irish being spoken outside the Gaeltacht is increasing all the time, which is evident for example from the growing demand for Irish classes and for primary and post-primary schooling through Irish. More and more families and individuals in non-Gaeltacht areas are choosing to live their lives bilingually.

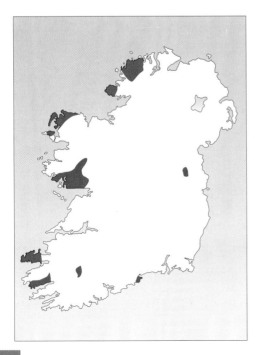

2 AN NASC IDIR NA TEANGACHA CEILTEACHA

Dar le roinnt eolaithe gur thart ar dhá mhíle bliain roimh Chríost a tháinig pobal go hÉirinn a raibh teanga Cheilteach á labhairt acu. Tugann scoláirí an lae inniu Q-Cheiltis ar an teanga sin chun idirdhealú a dhéanamh idir í agus an brainse eile den Cheiltis, ar a dtugtar P-Cheiltis. Is cosúil nach raibh mórán difríochta idir an Q-Cheiltis, a bhí á labhairt in Éirinn, agus an teanga P-Cheilteach, a bhí á labhairt sa Bhreatain, i dtosach Ré na Críostaíochta. De réir a chéile, áfach, tháinig difríochtaí suntasacha chun cinn. Is ón teanga P-Cheilteach a d'fhás an Bhreatnais, an Choirnis, a bhí á labhairt anuas go dtí dhá chéad bliain ó shin nó mar sin, agus an Bhriotáinis.

much alive, developed from P-Celtic, as did Cornish, a language that was spoken up until approximately two hundred years ago, and Breton.

There are many differences between the Irish spoken in Ireland, the Gaelic of Scotland, and Manx, even though they were all one language once. The Irish settled in Scotland and the Isle of Man, bringing their language with them.

Up until the seventeenth century the same literary language was being used in both Ireland and Scotland. Irish and Gaelic, therefore, are more closely related than any of the other Celtic languages.

Is iomaí difríocht atá idir an Ghaeilge mar a labhraítear in Éirinn í agus Gaeilge na hAlban agus an Mhanainnis, cé gurbh aon teanga amháin na trí cinn acu tráth, san am ar chuir Gaeil na hÉireann fúthu ar Oileán Mhanann agus in Albain, ag tabhairt a dteanga féin leo thar sáile.

Go dtí an seachtú haois déag is mar a chéile a bhí an teanga liteartha a bhí á scríobh in Éirinn agus in Albain. Tá gaol níos láidre ag an Ghaeilge le Gaeilge na hAlban, mar sin, ná mar atá aici leis na teangacha Ceilteacha eile.

THE RELATIONSHIP BETWEEN THE CELTIC LANGUAGES

The first settlers came to Ireland approximately two thousand years before Christ. Some authorities on the subject believe that this race spoke a Celtic language. Celtic scholars today distinguish between P-Celtic and another form of the language, known as Q-Celtic.

At the beginning of the Christian Era it is likely that there was little difference between the Q-Celtic that was being spoken in Ireland and the P-Celtic being spoken in Britain. As time passed, however, the differences between the languages became greater. Welsh, a language that is still very

3 TIONSCADAL LOGAINMNEACHA THUAISCEART ÉIREANN

Sa bhliain 1987 fuair Ollscoil na Banríona iarratas ó Roinn Comhshaoil Thuaisceart Éireann le dul i mbun tionscadail ollmhóir taighde ina ndéanfaí ainmneacha na n-áitrithe agus na ngnéithe nádúrtha atá le feiceáil ar léarscáil na Suirbhéireachta Ordanáis den scála 1:50,000 a fhiosrú lena mbunfhoirm agus a mbunbhrí a aimsiú.

Tá níos mó i gceist le cinntiú bhunús logainm ná go díreach scrúdú a dhéanamh ar an ainm mar atá sé anois agus iarracht a dhéanamh ar chiall a bhaint as na heilimintí éagsúla ann. Níl baint dá laghad, mar shampla, ag ainm an bhaile fearainn Kinghill i mbarúntacht na Moirne le rí ná le cnoc ar bith: tagann an t-ainm ón fhocal Gaeilge Caomhchoill, a chiallaíonn 'coill thaitneamhach'.

Sa dóigh is gur féidir leideanna a fháil a chuideoidh linn teacht ar bhunfhoirm logainm, tá sé riachtanach an litriú a bhí ann sa seanam a chuardach i bhfoinsí éagsúla, i nGaeilge, i Laidin agus i mBéarla go príomha; is gá dul i mbun oibre allamuigh fosta le suíomh na háite a fheiceáil, agus leis an dóigh a bhfuaimníonn seandaoine an cheantair na hainmneacha áitiúla a chloisteáil.

SRATH AN URLÁIR
STRANORLAR

Faoi mhí Feabhra 1990 bhí suas le ceathracha míle litriú stairiúil cruinnithe do Chontaetha an Dúin, Thír Eoghain agus Ard Mhacha agus ciall bainte as go leor de logainmneacha na mbailte fearainn. Ar 1 Márta na bliana sin aistríodh urraíocht an tionscnaimh go dtí an Central Communications Relations Unit, a d'iarr go dtabharfaí tús áite d'fhoilsiú thorthaí an taighde. Go dtí seo tá an chéad trí imleabhar sa tsraith *Place-Names of Northern Ireland* foilsithe ag Institiúid Léinn na hÉireann, agus clúdaíonn siad an tlúr agus iardheisceart an Dúin, na hArdaí, agus an Mhorn. Meastar go mbeidh níos mó ná daichead imleabhar sa tsraith iomlán.

Tá an t-eolas uilig atá cruinnithe go dtí seo faoi logainmneacha agus ainmneacha clann atá ceangailte leo coiméadta i bhforas tagartha ríomhaireachta san ollscoil. Táthar ag súil go mbeidh seo ina acmhainn bhuan do lucht léinn a bhfuil suim acu sa tírdhreach stairiúil.

THE NORTHERN IRELAND PLACE-NAME PROJECT

In 1987 Queen's University, Belfast, received a request from the Department of the

Environment for Northern Ireland to undertake a major research project in which all names of settlements and physical features appearing in the Ordnance Survey 1:50,000 scale map would be investigated with a view to discovering their original form and meaning.

Determining the origin of a place-name is not simply a matter of examining the current name and trying to interpret its various elements. For example, the townland name Kinghill in the barony of Mourne has nothing to do with any king or any hill: it derives from the Irish name Caomhchoill, which means 'pleasant wood'.

To find clues that will help determine the original form of a name it is necessary to look for earlier spellings in a variety of sources, mainly in Irish, Latin, and English; fieldwork also has to be carried out to see the lie of the land and to hear how the older residents pronounce the local names.

By February 1990 about forty thousand historical spellings had been collected for Counties Down, Tyrone, and Armagh, and many of the townland names had been interpreted. On 1 March that year the sponsorship of the project was transferred to the Central Communications Relations Unit, which asked that priority be given to publishing the results of the research. So far the first three volumes in the series *Place-Names of Northern Ireland* have been published by the Institute of Irish Studies, and they cover Newry and south-west Down, the Ards, and the Mournes. It is expected that that the series will run to over forty volumes.

All the collected information about place-names and related family names is preserved in a computer data-base in the university. It is hoped that this will become a permanent resource for scholars interested in the historical landscape.

4 FOILSITHEOIREACHT NA GAEILGE

Is cuma cén teanga atá á foghlaim agat, níl dabht ar bith ná go bhfuil an léitheoireacht ina cleachtadh úsáideach. Go hámharach don fhoghlaimeoir Gaeilge, tá réimse breá leabhar ar an mhargadh agus comhlachtaí cosúil le Cló Iar-Chonnachta faoina ndícheall ag foilsiú teideal úr.

Is é Cló Iar-Chonnachta ceann de na comhlachtaí foilsitheoireachta is bisiúla agus is gaiste fáis in Éirinn ó bunaíodh é i 1985. Tá ós cionn 150 leabhar Gaeilge curtha i gcló ag an chomhlacht agus níos mó ná 150 caiséad agus 30 dlúthdhiosca eisithe acu le deich mbliana anuas. Is mar choimirceoir, mar phátrún agus mar chaomhnóir chultúr na Gaeilge agus na Gaeltachta a fheidhmíonn CIC go príomha, agus stór ábhar cartlainne táirgthe agus á tháirgeadh acu seasta chuige sin, idir cheol agus litríocht. Is é an aidhm atá acu ná spreagadh agus tacaíocht a thabhairt do cheoltóirí agus scríbhneoirí, agus ardán náisiúnta agus idirnáisiúnta a thabhairt dá nguthanna.

I measc leabhar CIC tá cnuasaigh gearrscéalta, filíochta, agus amhrán, chomh maith le húrscéalta, drámaí, leabhair do pháistí, leabhair do dhéagóirí, agus tráchtais thaighde.

Is é CIC an t-aon teach foilsi-theoireachta Gaeilge atá lonnaithe sa Ghaeltacht agus an t-aon chomhlacht atá ag foilsiú go leanúnach i nGaillimh—i nGaeilge nó i mBéarla. Ar an ábhar sin tá tosaithe acu ar roinnt bheag leabhar Béarla a fhoilsiú chomh maith. Aistriúcháin a bhformhór ar mhórshaothair Ghaeilge gurb fhiú a gcur os comhair an tsaoil mhóir.

Ag riar do léitheoirí fásta Gaeilge tá scríbhneoirí mar Phádraig Breathnach, Chathal Ó Searcaigh, Antoine Ó Flatharta, Nuala Ní Dhomhnaill, Gabriel Rosenstock, Mhícheál Ó Conghaile, Phádraig Ó Siadhail,

Johnny Chóil Mhaidhc, Joe Steve Ó Neachtain, agus Alan Titley. I réimse na bpáistí agus na ndéagóirí tá ábhar nua-aoiseach agus nua-aimseartha á sholáthar ag CIC. I measc na n-údar is iomráití atá ag saothrú do léitheoirí óga tá Ré Ó Laighléis, Siobhán Ní Shúilleabháin, Muireann Ní Bhrolcháin, agus Ruaidhrí Ó Báille.

Is mórfhoilsitheoir ceoil CIC chomh maith, agus i measc an ábhair atá eisithe ag an chomhlacht tá amhránaíocht ar an sean-nós agus amhránaíocht thraidisiúnta Béarla, ceol traidisiúnta, agus ceol nua-aoiseach. Chomh maith le taifeadadh ar cheol, áfach, tá ceannródaíocht á déanamh ag CIC ar thaifeadadh filí agus scríbhneoirí ag léamh a saothar, agus seanchaithe ag aithris a gcuid scéalta.

IRISH-LANGUAGE PUBLISHING

Regardless of which language you're learning, reading is undoubtedly a useful practice. Fortunately for the Irish learner, there's a wide range of books on the market, with companies such as Cló Iar-Chonnachta consistently publishing new titles.

Cló Iar-Chonnachta is the fastest-growing and most prolific publishing company in Ireland since its foundation in 1985, having published 150 books in Irish as well as issuing over 150 cassettes and 30 CDs. CIC sees itself primarily as guardian of the Irish language and culture and patron of the Gaeltacht, and has been publishing and continues to publish much archival material—literary and musical—towards that end. CIC understands and appreciates the great importance of the preservation of this rich culture, and its primary aim is to cultivate and preserve the intrinsic Gaelic heritage and to bring Irish artists to a wider national and international audience.

CIC has been responsible not only for making the works of modern Irish writers available to the reading world but also for inspiring many of those writers to put pen to paper for the first time. Among those books published by CIC are short story, poetry and song collections, novels, plays, children's books, quiz books, teenage books, and research theses.

CIC is the sole publishing house situated in the Gaeltacht and the only company in Galway publishing on a continuous basis—in Irish or English. The company has therefore undertaken the publishing of some English books in recent years—in particular translations of major works from Irish.

Catering for the adult Irish-reading population are such acclaimed writers as Pádraig Breathnach, Cathal Ó Searcaigh, Antoine Ó Flatharta, Nuala Ní Dhomhnaill, Gabriel Rosenstock, Mícheál Ó Conghaile, Pádraig Ó Siadhail, Johnny Chóil Mhaidhc, Joe Steve Ó Neachtain, and Alan Titley. CIC is also renowned for its prolific publication of material for young readers by writers such as Ré Ó Laighléis, Siobhán Ní Shúilleabháin, Muireann Ní Bhrolcháin, and Ruaidhrí Ó Báille.

CIC is also a major music publisher of sean-nós singing and of traditional singing in English, traditional and contemporary music. CIC are leaders in the field of recording poets and writers reading their works on cassette and of seanchaithe telling their stories.

5 AN LITRÍOCHT CHOMHAIMSEARTHA SA GHAEILGE

Ní raibh riamh go dtí an lá atá inniu aon tréimhse a raibh níos mó leabhar de gach sórt á scríobh sa Ghaeilge inti. Foilsítear níos mó leabhar in aon bhliain ar bith anois ná mar a foilsíodh i rith na haoise seo caite ar fad. Agus b'fhéidir freisin go bhfuil níos mó daoine anois ann a bhfuil léamh na teanga acu seachas mar a bhí riamh cheana.

Maidir leis an litríocht chruthaitheach de, tá raidhse filíochta ann den uile chineál. Filí Gaeltachta cuid acu seo ag scríobh dá bpobal féin; filí nua-aimseartha cuid eile, agus roinnt díobh a bhfuil cáil idirnáisiúnta bainte amach acu. Duine díobh seo Nuala Ní Dhomhnaill, a bhfuil an traidisiún athnuaite aici.

Tá an t-úrscéal faoi bhláth chomh maith. Tá idir chineál na coitiantachta agus an cineál liteartha á scríobh. Cuireann Pádraig Standún síos ar fhadhbanna an phobail tuaithe ina chuid scéalta inléite. Bhain Séamas Mac Annaidh cáil amach dó féin lena thrialóg arbh *Cuaifeach Mo Lon Dubh Buí* an ceann ba tháscúla díobh. Is é Pádraic Breathnach an gearrscéalaí is bisiúla sa teanga. Scéalta íogaire fileata is ea a scríobhann sé.

Níor cheart a dhearmad go bhfuil go leor leabhar taighde, ar an stair ach go háirithe, á saothrú le tamall. Is beag ábhar anois nach bhfuil bunobair déanta ann sa Ghaeilge. Rud nua é seo, a thugann seasamh agus gradam don teanga.

CONTEMPORARY IRISH LITERATURE

More books of different kinds are written in Irish today than ever before. More books are published annually now than in the entire nineteenth century. And it is also probable that there were never as many people before who could read the language as at the present time.

Creative writing in Irish is dominated by the sheer volume of poetry produced. This poetry is of markedly different kinds, from the public poetry of Gaeltacht writers to the more 'modernist'. Some of the contemporary writers have acquired an international reputation, largely through translation. One of these is Nuala Ní Dhomhnaill, who has succeeded in renewing the tradition in her own fashion.

The novel is also flourishing. Both 'popular' and more 'literary' fiction is being written. Pádraig Standún, for example, examines the problems of rural Ireland in his pacy novels. Séamas Mac Annaidh received much acclaim for his trilogy, of which the manic *Cuaifeach Mo Lon Dubh Buí* is the best-regarded. Pádraic Breathnach is reckoned to be the most accomplished of our short-story writers with his sensitive and poetic pieces.

There is also, of course, a fine body of research or discursive writing in Irish, particularly in the fields of history and literary studies. Most subjects to do with Ireland have received intelligent and substantial study in the language. This is something quite new and gives Irish a status and an importance that it did not have before.

6 THE CELTIC PEN

Is iris ráithiúil í *The Celtic Pen*, i mBéarla go príomha, ina bpléitear litríocht scríofa sna sé theanga Cheilteacha: an Ghaeilge, Gaeilge na hAlban, an Mhanainnis, an Bhreatnais, an Bhriotáinis, agus an Chornais. Tá sé ar fáil ó shiopaí éagsúla ar phunt an chóip agus trí shíntiús bliana a chosnaíonn cúig phunt ó 36 Fruithill Park, Béal Feirste 11.

I measc na n-ábhar a pléadh sa *Celtic Pen* go dtí seo tá nuafhilíocht na Breatnaise, scríbhneoireacht an Choirn sa seachtú haois

déag, Carvalaghyn na Manainnise, seandrámaíocht na Briotáine, agus filíocht na mBard. Foilsítear litríocht sna teangacha Ceilteacha chomh maith, taobh le taobh le haistriúcháin sna teangacha Ceilteacha eile agus i mBéarla.

THE CELTIC PEN

The Celtic Pen is a quarterly magazine, primarily in English, that deals with literature written in the six Celtic languages: Irish, Gaelic, Manx, Welsh, Breton, and Cornish. It is available from a number of shops for one pound and through a yearly subscription of five pounds from 36 Fruithill Park, Belfast 11.

Among topics dealt with to date are modern Welsh poetry, seventeenth-century writing in Cornish, Manx Carvals, Old Breton theatre, and Bardic poetry. Literature in the various Celtic languages is also published, side by side with translations in other Celtic languages or in English.

7 RAIDIÓ NA GAELTACHTA

Bunaíodh Raidió na Gaeltachta sa bhliain 1972 le seirbhís iomlán raidió a chur ar fáil do phobal na Gaeltachta agus do lucht labhartha na Gaeilge ar fud na tíre. Ní chraoltaí ach cúpla uair in aghaidh an lae ar an tseirbhís nua sna blianta tosaigh. De réir a chéile, áfach, tháinig fás agus forbairt ar na huaireanta craolta agus ar réimse na gcláracha. Tá Raidió na Gaeltachta le cloisteáil anois ar fud na tíre ó mhoch go hoíche le raon leathan de chláracha nuachta agus cúrsaí reatha, le hirisí, le ceol, le spórt, le díospóireachtaí, le siamsaíocht, agus eile. Ní chraoltar aon fhógraí tráchtála ar an tseirbhís.

Sna mórcheantair Ghaeltachta atá stiúideonna nua-aimseartha na seirbhíse, i gCasla (Conamara), i nDoirí Beaga (Tír Chonaill), agus i mBaile na nGall (Corca Dhuibhne), chomh maith le stiúideo i mBaile Átha Cliath. Is cuid de sheirbhís chraolta phoiblí RTE é Raidió na Gaeltachta.

Bíonn éagsúlacht an-mhór sa réimse cláracha a chraoltar ar Raidió na Gaeltachta le freastal ar phobal na Gaeltachta agus na Gaeilge. Déanann an stáisiún freastal ar imeachtaí agus ócáidí móra phobal na Gaeilge ar fud na tíre: an tOireachtas, Comórtas Peile na Gaeltachta, na fleánna ceoil, éigsí, srl. Déantar cúram ar leith de thoghcháin áitiúla agus náisiúnta, de cháinaisnéisí, agus d'ardfheiseanna na bpáirtithe polaitíochta. Craoltar seirbhísí eaglasta, cláracha do dhaoine óga, cláracha oideachais agus cláracha drámaíochta freisin. Ar an cheol traidisiúnta is mó a bhíonn an bhéim ag Raidió na Gaeltachta, ach craoltar

ceol tíre agus popcheol trí Ghaeilge agus ceol clasaiceach freisin.

I gCasla i gConamara atá príomhsheomra nuachta Raidió na Gaeltachta. Is ann a chuirtear an tseirbhís nuachta náisiúnta agus idirnáisiúnta ar fáil. Tá ceangal ríomhaire idir an seomra nuachta sin agus príomhsheomra nuachta RTE i nDomhnach Broc, Baile Átha Cliath.

Thart ar sheasca duine atá ag obair go lánaimseartha le Raidió na Gaeltachta, agus bíonn roinnt mhaith eile ag obair go páirtaimseartha nó go hócáideach. Faoi láthair caitear £2.4 milliún sa bhliain ar sholáthar na seirbhíse.

RAIDIÓ NA GAELTACHTA

Raidió na Gaeltachta was founded in 1972 to provide Gaeltacht areas and speakers of Irish throughout the country with a complete radio service through the medium of Irish. The station only broadcast for approximately two hours a day during the first few years. However, the service has continued to grow and develop in the years since then and is now broadcasting from morning to night with a broad spectrum of programmes, including news and current affairs, magazine, sport and music programmes, discussions, and light entertainment. The station is not dependent on commercial advertising.

Raidió na Gaeltachta has modern studios based in the main Gaeltacht areas: in Casla (Conamara), Doirí Beaga (Donegal), and Baile na nGall (Kerry), as well as a studio in Dublin. It is part of the public broadcasting service of RTE.

Raidió na Gaeltachta broadcasts a wide variety of programmes, with a view to serving listeners both in the Gaeltacht areas and throughout the country in general and is present at all the major Irish-language occasions throughout the year, such as An tOireachtas, the Gaeltacht football competition, and the various fleánna ceoil and éigsí. Special emphasis is placed on local and general elections, budgets, and the annual conferences of the various political parties. Church services, children's programmes, educational programmes and plays are also broadcast. Most emphasis is placed in Raidió na Gaeltachta on traditional music. However, both country and pop music in Irish are broadcast, as well as classical music.

Raidió na Gaeltachta's main newsroom is in Casla in Conamara and provides both the national and international news service. The news room is connected to the central computer in RTE's main newsroom in Donnybrook, Dublin.

Around sixty people are in full-time employment with Raidió na Gaeltachta, and many others work on a part-time or temporary basis. At present £2.4 million a year is spent in providing the service.

8 RAIDIÓ NA LIFE

Cén stáisiún raidió ar féidir leat rud ar bith ó na Beastie Boys go hAltan, ó Shostakovich go Charlie Parker, a chloisteáil air agus achan fhocal idir na píosaí ceoil i nGaeilge? Níl ach freagra amháin ar an cheist sin agus sin Raidió na Life, an chéad stáisiún neamh-spleách raidió sa tír a chraolann go hiomlán as Gaeilge.

Stáisiún pobail do mhórcheantar Bhaile Átha Cliath atá ann, agus thosaigh sé ag craoladh ar bhonn leanúnach ar dtús i Meán Fómhair 1993. Is é Comharchumann Raidió Átha Cliath Tta, a bunaíodh i 1989, atá i mbun Raidió na Life. Feidhmíonn an stáisiún faoi cheadúnas sainspéise pobail ón Choimisiún um Raidió agus Teilifís Neamhs-pleách. Craolann an stáisiún ar feadh cúig huaire go leith achan lá i rith na seachtaine, móide dhá uair an chloig breise maidin Dé

Sathairn agus Dé Domhnaigh.

Triúr atá fostaithe go lánaimseartha i Raidió na Life, mar atá bainisteoir stáisiúin, innealtóir fuaime, agus bainisteoir urraíochta. Chomh maith leis sin tá ocht nduine dhéag fostaithe ann ar thionscnamh fostaíochta pobail. Taobh amuigh de na daoine sin is ar bhonn deonach a bhíonn achan duine eile páirteach sa stáisiún, agus in imeacht aon seachtaine amháin bíonn ceithre scór duine, idir láithreoirí, léiritheoirí, thuairisceoirí, thaighdeoirí agus eile, bainteach le feidhmiú an sceidil cláracha.

Craoltar réimse an-leathan cláracha ar Raidió na Life: cláracha eolais, nuachta, cúrsaí reatha, agus pobail, irischláracha, cláracha sainspéise, agus ceol ó achan chearn den domhan. Tá an stáisiún lonnaithe ag 7 Cearnóg Mhuirfean, Baile Átha Cliath 2; fón (01) 6616333.

RAIDIÓ NA LIFE

On which radio station can you hear anything from the Beastie Boys to Altan, Shostakovich to Charlie Parker, with every word in between in Irish? There's only one answer to that question and that's Raidió na Life, the country's first independent all-Irish licensed radio station.

Raidió na Life is a community station broadcasting to the greater Dublin area and first came on the air on a continual basis in September 1993. The station is run by a co-operative, Comharchumann Raidió Átha Cliath Tta, which was set up in 1989 and operates under a community special-interest licence from the Independent Radio and Television Commission. Raidió na Life broadcasts for five-and-a-half hours each day of the week, with an additional two hours on Saturday and Sunday mornings.

Three people are employed on a full-time basis at the station: a station manager, a sound engineer, and a sponsorship manager. Eighteen people are employed as part of a community employment scheme. Apart from these, everyone else associated with the station works on a voluntary basis, and in any week up to eighty people are involved in the operation of the programme schedule, including presenters, producers, reporters, researchers, and others.

A wide range of programmes is broadcast, covering information, news, community and current affairs, magazine programmes, and special-interest programmes, together with music from all over the world. Raidió na Life is based at 7 Merrion Square, Dublin 2; phone (01) 6616333.

9 CEOL NA hÉIREANN

Tá clú agus cáil ar Éirinn riamh as a cuid ceoil, agus ní haon iontas sin má smaoiníonn tú siar ar an traidisiún láidir amhránaíochta agus seanma atá in Éirinn ó aimsir na gcláirseoirí agus na bpíobairí anuas go dtí an lá atá inniu ann. Idir an dá linn tharla go leor eachtraí a d'athraigh cruth an cheoil, agus chuaigh tionchar agus uirlisí na hEorpa i bhfeidhm air chomh maith.

Sna caogaidí shíl daoine go raibh ceol agus amhránaíocht na hÉireann ag fáil bháis. Ach tharla athbheochan sna seascaidí, agus tá siad ag dul i dtreise ó shin. Bhí páirt thábhachtach ag grúpaí mar na Dubliners,

Planxty, an Bothy Band agus Clannad san athrú meoin i leith an cheoil a tharla i measc mhuintir na hÉireann. Ní raibh mórán suime sna hamhráin thraidisiúnta nó sa cheol le roinnt mhaith glúnta roimhe sin, ach chuir na grúpaí seo brí agus fuinneamh úr ann, agus mheall siad éisteoirí go leor in Éirinn agus thar lear.

Bhí ról tábhachtach ag Clannad, an grúpa as Gaoth Dobhair a bunaíodh i 1970, in athbheochan na n-amhrán Gaeilge. Bhailigh siad amhráin ó na seanamhránaithe ina gceantar féin agus chóirigh iad ar dhóigh a bhí úr agus raidiceach. Spreag siad meas ar na hamhráin seo a bhí in easnamh roimhe sin agus thug siad ionsparáid do ghrúpaí eile in Éirinn agus thar lear.

Tharla athrú eile ag tús na n-ochtóidí nuair a thosaigh Clannad agus grúpaí eile mar Moving Hearts ag dul níos mó i dtreo an roc-cheoil, ach d'fhan an blas láidir traidisiúnta ar a gcuid ceoil i gcónaí. Sna hochtóidí fosta tharla athbheochan suime san amhránaíocht ar an sean-nós; cuireadh spéis athuair in amhránaithe mar Nioclás Tóibín agus Sheosamh Ó hÉanaí, agus tháinig glúin óg amhránaithe chun cinn chomh maith. Áirítear Altan, grúpa a bhfuil ceangal láidir aige le Gaoth Dobhair chomh maith, ar cheann de na grúpaí is tábhachtaí sa cheol traidisiúnta sna nóchaidí.

Is cinnte go bhfuil difríochtaí móra idir an ceol mar a bhí sé agus mar atá sé sa lá atá inniu ann, ach an rud atá beo bíonn sé i gcónaí ag athrú.

IRISH MUSIC

It's hardly surprising that Ireland is renowned for its music when you consider the strong singing and playing tradition in this country from the time of the harpers and the pipers until the present day. Since then many events and the influence of European instruments and music have changed the face of Irish music.

In the nineteen-fifties many feared that Irish music was dying. A revival occurred during the sixties, however, and it has been going from strength to strength ever since. Groups such as the Dubliners, Planxty, the Bothy Band and Clannad played an important role in changing the attitude of Irish people towards the music. There had been very little interest in the traditional songs or music for quite a few generations before that, but the groups mentioned above brought new power and energy to the music and attracted new listeners in Ireland and abroad.

Clannad, the group from the Donegal Gaeltacht of Gaoth Dobhair founded in 1970, played an important role in the revival of songs in Irish. They collected songs from old people in their locality and arranged them in a way that was new and radical. They encouraged a respect for these songs that was previously lacking and inspired other groups in Ireland and abroad.

Another change occurred in the early eighties when Clannad and other groups such as Moving Hearts moved more in the direction of rock music, but the traditional influence on their music always remained. In the eighties as well a revival occurred in sean-nós or traditional unaccompanied singing; people became interested in listening to old masters such as Nioclás Tóibín and Seosamh Ó hÉanaí, and a new generation of singers also emerged.

Altan, another group that has strong links with Gaoth Dobhair, is regarded as one of the most important traditional groups of the nineties.

There are significant differences between Irish music as it was in the past and as it is nowadays, but living things are always changing and evolving.

10 TAISCE CHEOL DÚCHAIS ÉIREANN

Is éard is Taisce Cheol Dúchais Éireann ann ná ionad taisce acmhainne le haghaidh ceoil, amhrán agus damhsa traidisiúnta na hÉireann. Bhunaigh an Chomhairle Ealaíon an taisce i 1987, agus tá tacaíocht faighte aige ó Chomhairle Ealaíon an Tuaiscirt chomh maith. Tá taifid fuaime, leabhair, lámhscríbhinní, tréimhseacháin, paimfléid, grianghraif agus léaráidí eile, scannáin, físeáin, uirlisí ceoil, catalóga, cláir, póstaeir agus altanna nuachtán le fáil sa taisce.

Ba é bunús an taisce ná Bailiúchan Bhreandáin Bhreathnaigh, saineolaí ar chúrsaí ceoil traidisiúnta, a fuair bás i 1985. Tá an taisce suite i 63 Cearnóg Mhuirfean, Baile Átha Cliath 2, agus tá stiúideo fuaime agus seomraí staidéir ann don phobal.

THE IRISH TRADITIONAL MUSIC ARCHIVE

The Irish Traditional Music Archive is an archive and resource centre for the traditional song, music and dance of Ireland. Set up by the Arts Council in 1987, it also receives support from the Arts Council of Northern Ireland. The materials include sound recordings, books, manuscripts, periodicals, pamphlets, photographs and other illustrations, films, videos, musical instruments, and ephemera such as catalogues, programmes, posters, and newspaper cuttings.

The foundation of the archive was the Breandán Breathnach Collection, made by the great expert in traditional music who died in 1985.

The archive is at 63 Merrion Square, Dublin 2, and includes a recording studio and public rooms for the study of materials.

11 DAMHSAÍ SEIT

Músclaíodh suim úr i ndamhsaí seit le roinnt blianta anuas, agus anois tá na damhsaí seo á gcleachtadh ar fud na tíre. Tháinig meath ar na damhsaí seit ag deireadh na naoú haoise déag, mar dúirt lucht athbheochan na Gaeilge gur dhamhsaí iasachta iad. Bhí lámh ag an chléir ina meath fosta, mar chuir siadsan go láidir in éadan damhsaí tithe agus crosbhóithre, a bhí coitianta sna tríochaidí.

Tá damhsaí seit bunaithe ar *quadrilles* a chleacht saighdiúirí Shasana a bhí lonnaithe anseo i ndiaidh na gCogaí Napoleonacha. Bíonn ceithre chúpla i gciorcal (ochtar rinceoirí) ag damhsa. Tá gach damhsa déanta suas d'fhigiúirí—cúig cinn de ghnáth. Go minic glactar sosanna idir na figiúirí, agus ní haon iontas, mar bíonn an t-allas ina rith leis na rinceoirí! Níl an caitheamh aimsire seo fóirsteanach do dhaoine falsa, ach is fiú triail a bhaint as!

SET DANCING

There has been a resurgence of interest in set dancing over the past few years, and it is now being taught all over the country. At the end of the nineteenth century, however, interest in set dancing declined, because the followers of the Irish Revival claimed they were foreign dances. The clergy also had a hand in their demise, as they were fiercely opposed to the house and crossroad dances that were common in the nineteen-thirties.

Set dances are based on quadrilles commonly danced by English soldiers stationed in Ireland after the Napoleonic Wars. A set has four couples (eight dancers) in a circle. Each dance consists of several figures—usually five. Short breaks are often taken between each figure, which is hardly surprising considering the effort involved. This pastime is certainly not suitable for the lazy type, but it's well worth a try!

12 AN tOIREACHTAS

Is beag leithscéal a bhíonn de dhíth ar lucht labhartha na Gaeilge chun teacht le chéile le píosa craice agus spraoi a bheith acu, agus is deis iontach é an tOireachtas, an fhéile Ghaelach is mó a bhíonn ar siúl i rith na bliana, dá leithéid. Conradh na Gaeilge a eagraíonn an fhéile, a bhíonn ar siúl in áit éagsúil achan bhliain ag deireadh mhí Dheireadh Fómhair.

Lucht rialaithe na hÉireann sa seachtú haois a d'eagraigh an chéad Oireachtas nó tionóil. In 1897 a chuir an Conradh tús leis an Oireachtas, agus anois is é an fhéile chultúrtha is sine dá maireann in Éirinn. Tá spiorad an Oireachtais le fáil i bhFéile Idirnáisiúnta Cheilteach Lorient na Briotáine, Yn Chruinnaght in Oileán Mhanann, Eisteddfod na Breataine Bige, agus Mòd na hAlban.

Bíonn duaiseanna ar fiú na mílte punt iad le buachan i gcomórtais liteartha an Oireachtais achan bhliain san fhilíocht, san

iriseoireacht, sa drámaíocht, sa ghearr-scéalaíocht, agus san úrscéalaíocht. Bíonn comórtais i réimsí eile fosta, mar an amhránaíocht ar an sean-nós, an ceol, agus an scéalaíocht, chomh maith le taispeántais, ceardlanna i ndamhsaí seit, seoladh leabhar, agus eile.

Tuilleadh eolais ó: An tOireachtas, Conradh na Gaeilge, 6 Sráid Fhearchair, Baile Átha Cliath 2; fón (01) 4753857.

AN tOIREACHTAS

Irish-speakers need little or no excuse to gather for craic and fun, and the Oireachtas, the largest Irish-language festival, is an ideal opportunity to do this. Rulers of the ancient kingdoms of seventh-century Ireland formed the original Oireachtas or assembly. In 1897 Conradh na Gaeilge founded what is now Ireland's longest-running annual cultural festival. The spirit of the Oireachtas is evoked by similar festivals in the other Celtic countries, such as the Eisteddfod in Wales, the Mòd in Scotland, the International Celtic Festival of Lorient in Brittany, and Yn Chruinnaght in the Isle of Man. Prizes totalling thousands of pounds can be won in the Oireachtas literary competition every year, for poetry, journalism, drama, short stories, and prose.

Virtually every traditional art form is catered for: traditional singing (sean-nós), music, literature, storytelling, drama, choirs, exhibitions, set dancing workshops, and book launches. Literary competitions and an art exhibition take place during the year.

For information contact: An tOireachtas, Conradh na Gaeilge, 6 Harcourt Street, Dublin 2; phone (01) 4753857.

13 GAELTEXT

Is iris Ghaeilge de chuid Aertel é Gaeltext, seirbhís theilithéacs RTE. Tá Gaeltext á reáchtáil ag Aertel i gcomhar le Comhdháil Náisiúnta na Gaeilge. Iad siúd a bhfuil áis theilithéacs ar a dteilifíseáin tá fáil acu ar Gaeltext ar Network 2. Is iad seo a leanas na rannóga eolais atá ag an tseirbhís: nuacht, cláracha raidió agus teilifíse Gaeilge, ranganna Gaeilge agus coláistí samhraidh, féilire imeachtaí, agus clár na bhfógraí. Tá sé i gceist na rannóga seo a fhorbairt de réir mar a fhásfaidh an tseirbhís.

GAELTEXT

Gaeltext is an Irish-language magazine that is part of Aertel, RTE's teletext service, and is run in conjunction with Comhdháil Náisiúnta na Gaeilge. Gaeltext is available on Network 2 on television sets with a teletext facility. The following are the information categories: news, Irish-language programmes on radio and television, Irish classes and summer colleges, an events calendar, and a notice-board. The categories will undergo further development as the service grows.

14 TIONSCADAL 'GLÉACHT' AGUS FOCLÓIRÍ

Cogar, cad is foclóir duitse? Namhaid le seachaint, cara in am an riachtanais, nó tobar eolais don fhoghlaimeoir agus don eolaí? Bhuel, b'fhéidir na trí cinn le chéile, má bhíonn an fonn ceart ort agus na gléasanna agat chuige.

Is éard is 'Gléacht' ann ná clár ríomhaireachta le haghaidh ríomhairí MSDOS a bhaineann an obair, an trioblóid agus an mhoill as úsáid foclóra. Iarracht atá ann *Foclóir Gaeilge-Béarla* Uí Dhónaill a úsáid mar thobar focal, le ceird agus caitheamh aimsire na foclóireachta a chur chun cinn.

Nuair a tosaíodh ar an tionscadal roinnt blianta ó shin is ar an cheist conas is féidir an leas is fearr a bhaint as foclóir ar nós fhoclóirí de Bhaldraithe agus Uí Dhónaill a dhírigh Cathair Ó Dochartaigh agus Pádraig Ó Maoilreanaigh. Ba é Pádraig a chuir tús leis an scéim agus a d'oibir léi ar feadh na mblianta le lán-chomhoibriú ón Ghúm, rann-óg foilsitheoireachta na Roinne Oideachais. Bheartaigh siad ar chleamhnas a bhunú idir an teicneolaíocht nua-aoiseach agus sean-nós na foclóireachta, nó cuireann an ríomhaire ar ár gcumas cnuasacht ollmhór ábhar a láimhseáil ar bhealaí a bhí ceilte orainn roimhe seo.

Ba é an chéad rud a rinne siad leis an fhoclóir ná innéacs Béarla-Gaeilge a chruthú le gur féidir leat aon fhocal Béarla atá ann a aimsiú agus an míniú Gaeilge a bhíonn ag dul leis. Mar shampla, tá 238 tagairt don fhocal 'rain' agus 212 don fhocal 'sun' ann, mar aon le 437 don fhocal 'weather' agus 97 do 'clouds'. Tugann eolas mar seo léargas níos fearr dúinn ar anam na teanga, agus ar an aimsir a bhuailtear linn go laethúil, thar mar a thabharfadh aistriúcháin loma Ghaeilge ar na focail chéanna.

Téann an foclóir ríomhaire thar seo, áfach, nó is féidir leat deilbhíocht gach ceannfhocail a fheiceáil ar an scáileán, bíodh sé ina ainmfhocal nó ina bhriathar.

Tá an clár seo oiriúnach do ríomhaire le diosca crua a bhfuil ar a laghad 13 Mb saor air. Cosnaíonn sé £55 (Éireannach nó sterling), agus tá tuilleadh eolais le fáil ón Ghúm, 44 Sráid Uí Chonaill Uachtarach, Baile Átha Cliath 1.

Ach muna bhfuil ríomhaire agat ná bí róbhuartha: tá go leor foclóirí ar fáil le cuidiú leis an té atá ag cuartú an *mot juste.* Is fiú tosú leis an *Fhoclóir Póca* (Béarla-Gaeilge agus Gaeilge-Béarla) agus de réir a chéile infheistiú sna cinn mhóra. I measc na bhfoclóirí éagsúla atá ar fáil tá foclóir Béarla-Gaeilge Thomáis de Bhaldraithe, foclóir Gaeilge-Béarla Uí Dhónaill, foclóir Gaeilge-Béarla Dineen, an *Foclóir Beag* (Gaeilge-Gaeilge), agus go leor foclóirí sain-fheidhmeacha ón Ghúm.

THE 'GLÉACHT' PROJECT

How do you think of a dictionary? An enemy to be avoided, a friend in time of need, or a deep well of knowledge for the learner and expert alike? Perhaps all three, depending on your mood and on the tools you use for consulting the dictionary.

'Gléacht' is a computer program for MSDOS computers that takes the work, trouble and delay out of using a dictionary. Ó Dónaill's Irish-English dictionary has been arranged as a word store that you can use to explore the richness of Irish and where you can exercise or amuse yourself in the art and hobby of word-surfing.

The problem of how Ó Dónaill's dictionary could be used to best effect was tackled by Cathair Ó Dochartaigh and Pádraig Ó Maoilreanaigh. Pádraig, an Irish-American computer engineer, started this project and has worked on it ever since, with full co-operation from An Gúm, the publications branch of the Department of Education. They set out to forge a link between the new technology and the old art of dictionary-making, since the computer allows us to handle and process materials in ways that were unthinkable even a few years ago.

The first thing they did with the dictionary was to create a reverse English-Irish index to it. This allows you to look up any English word and to find the Irish word or words associated with it. For example, there are 238 references to the word 'rain' and 212 to 'sun' in the dictionary, as well as 437 to 'weather' and 97 to 'clouds'. Think about how much this tells us about the Irish language and its relationship to the everyday life of the land, compared with straight-forward Irish translations of the same four English words.

But the computer dictionary goes much further than a normal dictionary. You can look up the plural of every Irish word in it, as well as being able to see every verb fully conjugated, with all the tense forms fully written out on the screen.

The program requires at least 13 Mb free on the hard disk. It costs £55 (Irish or sterling), and further information is available from An Gúm, 44 Upper O'Connell Street, Dublin 1.

But even if you haven't got a computer, don't despair: there is a wide selection of dictionaries available to the person searching for the *mot juste*. The *Foclóir Póca* (pocket dictionary, English-Irish and Irish-English) is a good starting-point, and then you can gradually invest in the larger ones. Among the dictionaries available are Tomás de Bhaldraithe's English-Irish dictionary, Niall Ó Dónaill's Irish-English dictionary, Dineen's Irish-English dictionary, *An Foclóir Beag* (Irish-Irish), and many more specialist dictionaries from An Gúm.

15 'SPEAKWRITE'

Is éard is 'Speakwrite' ann ná cuidiú ríomhaireachta le foghlaim na Gaeilge bunaithe ar labhairt na teanga, ceann de na háiseanna foghlama is úire ar an mhargadh.

Tá deich n-aonad sa chúrsa agus ábhar cúltaca le háiseanna amhairc, agus cumas iomlánaithe fuaime agus féintaifeadta agus athsheinnte. Is cainteoirí dúchais ar fad a rinne an taifeadadh.

Is iad éisteacht, tuiscint agus labhairt bunchéimeanna fhoghlaim teanga, agus is iad atá mar bhunphrionsabail do chóras foghlama 'Speakwrite'. Tugann 'Speakwrite' eolas leathan go leor ar achan ghné den teanga don mhac léinn. Mar thacaíocht don fhuaim agus do na háiseanna amhairc tá bailiúchán leathan tagairtí ar struchtúr agus ar ghramadach na teanga. Tá sé éasca teacht air seo ón téacs agus ó na cleachtaí.

Tá 'Speakwrite' bunaithe ar an ríomhaire Apple Macintosh, ceann de na ríomhairí is 'cairdiúla' agus is éasca a úsáid atá ar an mhargadh faoi láthair. Ar fáil ó: Gal Mac Computers Ltd, Eastát Lios Bán, Bóthar Thuama, Gaillimh; fón (091) 755222; facs (091) 755491.

'SPEAKWRITE'

'Speakwrite' is a speech-based computer aid to learning Irish and is one of the most recent learner aids on the market. The course consists of a set of ten units and back-up material complete with visuals and with fully integrated sound and self-record and play-back capability. Only native speakers were used in the recording.

Listening, understanding and speaking, the elements of language learning, are the key building-blocks of the 'Speakwrite' system of learning. 'Speakwrite' provides the student with a well-rounded knowledge of the language. The sound and visuals are supported by an extensive reference work on the structure and grammar of the language, which is easily accessible from the text and exercises.

'Speakwrite' is based on the Apple Macintosh computer, one of the most 'user-friendly' machines on the market today. Available from: GalMac Computers Ltd, Liosbaun Estate, Tuam Road, Galway; phone (091) 755222; fax (091) 755491.

16 'SPRAOI!'—CLUICHÍ OIDEACHASÚLA AS GAEILGE

Lonnaithe i gConamara, tá an comhlacht 'Spraoi!' ag táirgiú cluichí do pháistí (agus do dhaoine fásta!) atá ag iarraidh an Ghaeilge a fhoghlaim agus spraoi a bhaint aisti ag an am céanna.

I measc na gcluichí tá 'Dúradán Datha', bunaithe ar dhúradán traidisiúnta ach le meascán de dhathanna agus fhocail ar na píosaí; 'Cártaí Meaitseála', cártaí le focail agus pictiúir orthu: téann na focail chontráilte le chéile,

mar shampla sean—óg, fuar—te; agus 'Fríos Uimhreacha', fríos fada le huimhreacha air chomh maith le pictiúir bhreátha tharraingteacha—an-oiriúnach don seomra ranga nó don seomra leapa.

Tá na cluichí ar fáil ó Chomhlacht Oideachais na hÉireann Tta, Bóthar Bhaile an Aird, Baile Átha Cliath 12, fón (01) 4500611, nó ó 'Spraoi!', 45 Sráid Doiminic, Gaillimh, fón (091) 567824.

'SPRAOI!'—EDUCATIONAL GAMES IN IRISH

'Spraoi!' is a company based in Conamara producing games to help children (and adults!) learn Irish in an enjoyable way. The range, which will be expanding soon, includes 'Dúradán Datha', based on dominoes but with a mixture of words and colours on the pieces instead of the traditional spots; 'Cártaí Meaitseála', a pair game featuring matching opposites; and 'Fríos Uimhreacha', a counting chart featuring numbers, words and pictures, ideal for the classroom or bedroom wall.

All available from the Educational Company of Ireland Ltd, Ballymount Road, Dublin 12, phone (01) 4500611, or from 'Spraoi!', 45 Dominic Street, Galway, phone (091) 567824.

17 AN SPAILPÍN FÁNACH

Comhlacht beag é an Spailpín Fánach atá ag saothrú leis sa Spidéal, Co. na Gaillimhe, ó 1979 i leith. Tá sé mar aidhm ag an chomhlacht an Ghaeilge a chur os comhair an phobail ar bhealach feiceálach agus nua-aimseartha; chuige sin cuireann siad i gcló réimse earraí dá ndéanamh féin, mar shampla T-léinte, geansaithe spraoi, greamaitheoirí, suaitheantais srl. le manaí Gaeilge orthu agus le béim láidir ar an chultúr Gaelach.

18 SCOILEANNA GAEILGE

Is gnáth-bhunscoileanna agus iar-bhunscoileanna iad na scoileanna Gaeilge ach gurb í an Ghaeilge teanga teagaisc na scoile. Is í an Ghaeilge fosta teanga cumarsáide na scoile idir na múinteoirí, na páistí agus an bhainistíocht laistigh agus lasmuigh de na ranganna. Bíonn caighdeán ard oideachais in achan ábhar, an Béarla san áireamh, agus leanann siad an gnáthchlár atá leagtha síos ag an Roinn Oideachais. Tá 70 bunscoil agus 16 iar-bhunscoil Ghaeilge ann faoi láthair lasmuigh den Ghaeltacht.

Bunaíodh an t-eagras náisiúnta deonach Gaelscoileanna i 1973 le cuidiú a thabhairt do na scoileanna Gaeilge chun a gcuid fadhbanna a réiteach agus chun iad féin a fhorbairt. Is féidir eolas a fháil faoi scoileanna Gaeilge ó Gaelscoileanna, 7 Cearnóg Mhuirfean, Baile Átha Cliath 2; fón (01) 6763222.

Tá na hearraí seo go léir ar fáil i siopa an Spailpín Fánach, Ceardlann an Spidéil, fón (091) 83343, facs (091) 83480, nó tríd an phost.

AN SPAILPÍN FÁNACH

An Spailpín Fánach is a small company that has been in operation in An Spidéal, Co. Galway, since 1979. The aim of the company is to present Irish to the public in an eye-catching and modern way. To achieve this they print a range of goods designed by themselves: T-shirts, sweatshirts, stickers, badges etc. with Irish mottoes and a strong emphasis on Irish culture.

All these goods are available in the Spailpín Fánach shop, Ceardlann an Spidéil, phone (091) 83343, fax (091) 83580, or by mail order.

IRISH-LANGUAGE SCHOOLS

Irish-language schools are ordinary primary or secondary schools except that all subjects are taught through the medium of Irish. Irish is the school's working language, between the teachers, the students and the management inside and outside the classroom. They maintain high standards in

199

every subject, including English, and they follow the normal curriculum. ·There are at present 70 primary and 16 secondary Irish schools outside the Gaeltacht.

A voluntary national organisation called Gaelscoileanna was founded in 1973. This organisation aims to assist Irish-language schools to solve their problems and to develop themselves. More information is available from Gaelscoileanna, 7 Merrion Square, Dublin 2; phone (01) 6763222.

19 AN CHRANNÓG: LÁRIONAD BUANAITHE TEANGA

Bhunaigh Comharchumann Forbartha Ghaoth Dobhair an Chrannóg—lárionad do shealbhú agus do bhuanú na Gaeilge—i Meán Fómhair 1993. Is iad an dá aidhm atá ag an Chrannóg ná an Ghaeilge a mhúineadh d'fhoghlaimeoirí agus í a neartú agus a bhuanú i measc chainteoirí dúchais Ghaoth Dobhair, ceantar láidir Gaeitachta.

Bíonn dianchúrsaí agus cúrsaí oíche Gaeilge ar siúl go rialta do ghrúpaí agus do dhaoine aonair. Tagann dreamanna chucu ó eagrais stáit do shainchúrsaí, mar shampla Bord Sláinte an Iarthuaiscirt, an Post, Údarás na Gaeltachta, agus Gaeleagras na Seirbhíse Poiblí. Bíonn ranganna ar siúl ansin i dtrí leibhéal cumais: bunleibhéal, meánleibhéal, agus ardleibhéal. Eagraítear ciorcal cainte d'fheabhsaitheoirí Gaeilge chomh maith, rud a chuidíonn le daoine feabhas a chur ar a líofacht chainte.

Tá bunchúrsa leagtha amach i gcanúint na háite, a dhíríonn ar bhunscileanna na Gaeilge a mhúineadh d'fhoghlaimeoirí. Déanann siad an Ghaeilge a neartú trí cúrsaí in ábhair éagsúla, mar shampla cuntasaíocht, eagrú agus bainistíocht gnó, agus Gearmáinis, a mhúineadh trí mheán na Gaeilge. Cuidíonn cúrsaí mar seo le daoine

áitiúla cáilíochtaí oideachais tríú leibhéil a bhaint amach.

Eagraítear imeachtaí cultúrtha sa Chrannóg chomh maith: seimineáir scríbhneoireachta, seimineáir litríochta, taispeántais grianghraf, agus oícheanta caidrimh. Tugann na himeachtaí seo deis do phobal na háite a bheith rannpháirteach in imeachtaí na Crannóige.

Bíonn cúrsaí Gaeilge ar siúl ag an Chrannóg do dhaoine fásta i rith an tsamhraidh. Tá ceangal déanta acu le grúpaí atá ag foghlaim Gaeilge thar lear, i nGlaschú agus i Nua-Eabhrac. Bíonn comhoibriú idir an Chrannóg agus Áras Mháirtín Uí Chadhain ar an Cheathrú Rua, lárionad teanga atá faoi choimirce Ollscoil na Gaillimhe. Ba mhaith leis an Chrannóg a bheith aitheanta mar lárionad tríú leibhéil do chúrsaí oideachais aosaigh agus do chúrsaí Gaeilge san am atá amach romhainn. Eolas: fón (075) 32188; facs (075) 32189

AN CHRANNÓG: A LANGUAGE DEVELOPMENT CENTRE

An Chrannóg—a centre for teaching and maintaining the Irish language—was established in September 1993 by Comharchumann Forbartha Ghaoth Dobhair, a local co-operative in the northwest Donegal Gaeltacht. An Chrannóg has two main objectives: to teach Irish to learners or to students who wish to learn the language, and to strengthen and maintain the Irish language among native speakers in the area.

Both intensive courses and night courses are organised regularly for groups and individuals. Many state companies send their employees for Irish courses at An Chrannóg, for example the North-Western Health Board, An Post, Údarás na Gaeltachta (the Gaeltacht industrial authority), and the civil service body Gaeleagras. Formal classes are run at three ability levels—basic, intermediate and higher level—and informal classes or conversation classes for improvers to enable them to develop their fluency in Irish. An Chrannóg has compiled and written a basic-level course in the Gaoth Dobhair dialect, which contains the basic skills in Irish for beginners.

The teaching of other subjects through Irish is used to strengthen and to maintain Irish among Irish-speakers; these subjects include book-keeping, business organisation and managment, and German. Courses such as these enable local people to obtain third-level qualifications.

Cultural events are also organised in An Chrannóg, such as seminars on writing and on literature, photographic exhibitions, and cultural nights. These events are of interest to the local people and involve them in An Chrannóg's work. Weekly Irish courses are held for adults during the summer.

As An Chrannóg has developed, links have been formed with groups who are learning Irish abroad, in Glasgow and in New York. An Chrannóg also co-operates with Áras Mháirtín Uí Chadhain, the language centre in An Cheathrú Rua, Co. Galway, which is run under the auspices of University College, Galway.

In the future An Chrannóg hopes to be recognised as a third-level educational institution for adult education through the medium of Irish. Information: phone (075) 32188; fax (075) 32189.

20 OIDEAS GAEL

Ceann de na dóigheanna is fearr le do chuid Gaeilge a fheabhsú ná am a chaitheamh le cainteoirí agus foghlaimeoirí eile. Tá cúrsaí Gaeilge ar fáil in áiteanna éagsúla tríd an tír ina bhfuil béim ar riachtanais foghlaimeoirí fásta. Tá Oideas Gael, a bhfuil ionaid aige i nGleann Cholm Cille agus i nGleann Fhinne, Co. Dhún na nGall, ar cheann de na háiteanna seo. Bíonn cúrsaí ar siúl idir mí an Mheithimh agus tús mhí Mheán Fómhair agus ag amanna eile i rith na bliana chomh maith. Déanann na céadta foghlaimeoir as achan chearn d'Éirinn freastal ar na cúrsaí, mar aon le daoine as tíortha mar na Stáit Aontaithe, Cheanada, an tSeapáin, an Astráil agus beagnach achan tír in iarthar na hEorpa.

Bíonn trí leibhéal nó níos mó in achan chúrsa—bunleibhéal, meánleibhéal, agus ardleibhéal—agus maireann siad ar feadh seachtaine de ghnáth. Tá cúrsaí cultúrtha ar fáil chomh maith sa cheol traidisiúnta agus san amhránaíocht, damhsaí seit, sean-dálaíocht, siúl sléibhe, péintéireacht, agus fíodóireacht taipéise.

Is é Foras Cultúir Uladh an lárionad atá ag Oideas Gael do na cúrsaí Gaeilge agus cultúir. Is féidir achan eolas a fháil ach scríobh chuig Oideas Gael, Gleann Cholm Cille, Co. Dhún na nGall; fón (073) 30248; facs (073) 30248; post leictreonach oidsgael@iol.ie.

OIDEAS GAEL

Spending time with other learners and speakers is a good way of improving your fluency in Irish and boosting your confidence. There are various places throughout the country that provide Irish courses catering specifically for the needs of adult learners; Oideas Gael, which has centres in Gleann Cholm Cille and in Gleann Fhinne in Co. Donegal, is one such place. Courses are held between mid-June and early September and at other times during the year as well. Each year they attract learners from all over Ireland as well as from countries such as the United States, Canada, Japan, Australia and virtually every western European country.

Each course contains three or more levels—beginner, intermediate, and advanced—and is usually one week in duration. There are also cultural activity courses available in traditional music and singing, set dancing, archaeology, hill-walking, painting, and tapestry weaving.

Foras Cultúir Uladh (the Ulster Cultural Institute), with its unique facitilies, is used by Oideas Gael in Gleann Cholm Cille as a venue for its language courses and cultural programme.

A detailed brochure and programme of events are available from Oideas Gael, Gleann Cholm Cille, Co. Dhún na nGall; phone (073) 30248; fax (073) 30248; e-mail oidsgael@iol.ie.

21 CÚRSAÍ EILE DO DHAOINE FÁSTA SA GHAELTACHT

OTHER GAELTACHT LANGUAGE COURSES FOR ADULTS

Aran Islands

Oidhreacht Oileáin, Inis Oírr, Co. na Gaillimhe; eolas: Máire Uí Dhufaigh, fón (01) 8437839.

Conamara

Áras Mháirtín Uí Chadhain, an Cheathrú Rua, Co. na Gaillimhe; fón (091) 595101/595038; facs (091) 595041.

Donegal

Coláiste Cholm Cille, Gaoth Dobhair, Co. Dhún na nGall; eolas: 72 Brookfield, Baile Átha Cliath 12; fón (01) 4901205.
Coláiste Gaeilge Ros Goill, na Dúnaibh, Co. Dhún na nGall; eolas: Máire Bean Mhic Dara, Baile Raghnaill, Co. Aontroma; fón (01849) 472271.

Meath

Comharchumann Ráth Cairn, Áras Uí Ghramhnaigh, Ráth Cairn, Baile Átha Buí, Co. na Mí; fón (046) 32067; facs (046) 32381.

22 GAEL-LINN: CEANNRÓDAÍOCHT AR SON NA GAEILGE

Le breis is cúig bliana agus tríocha tá Gael-Linn i mbun ceannródaíochta ar mhaithe le forbairt na hÉireann, go háirithe i gcur chun cinn na Gaeilge, an cheoil dúchais agus na n-ealaíon i gcoitinne agus i bhfeabhsú gnéithe de shaol sóisialta agus eacnamaíochta na tíre, thuaidh agus theas, go speisialta sa Ghaeltacht.

Is iad a phríomhaidhmeanna ná (*a*) an Ghaeilge a chur in uachtar arís san áit is dual di mar phríomhtheanga in achan ghné de shaol na hÉireann; (*b*) forbairt a dhéanamh ar chúrsaí oideachais, cultúir agus geilleagair na tíre; (*c*) slí bheatha a chur ar fáil do mhuintir na hÉireann ina dtír féin agus go háirithe do mhuintir na Gaeltachta agus do dhaoine eile le Gaeilge; agus (*d*) óige na hÉireann a spreagadh chun a n-oidhreacht dúchais féin a shaothrú, chomh maith le hathsheilbh a ghlacadh ar a n-oidhreacht Eorpach.

Tá obair ríthábhachtach déanta ag Gael-Linn, go háirithe i measc na n-óg. An léiriú is fearr ar seo ná an fhéile bhliantúil ealaíon Slógadh. Cuireadh an fhéile ar bun i 1969/70 agus tá sí ag fás ó shin i leith.

Glacann suas le tríocha míle duine páirt inti achan bhliain anois. I measc na n-iarbhuaiteoirí cailiúla tá Clannad agus Liam Ó Maonlaí ón rocghrúpa Hothouse Flowers.

Bíonn go leor imeachtaí ar siúl ag Gael-Linn i rith na bliana, cosúil le cúrsaí Gaeilge agus sainchúrsaí gairme do dhaoine fásta, comórtas díospóireachta iarbhunscoile agus tríú leibhéil, agus tráth na gceist d'ardranganna bunscoile agus do dhaoine fásta. Le cois sin tá earraí mar cheol ar chaiséid agus ar dhlúthdhioscaí, earraí lámhchniotáilte agus leabhair ar díol acu.

Tá gach eolas faoi na himeachtaí agus na hearraí le fáil ó: Gael-Linn, 77 Upper English Street, Ard Mhacha, fón (01861) 522162, nó 26 Cearnóg Mhuirfean, Baile Átha Cliath 2, fón (01) 6767283.

GAEL-LINN: PIONEERING THE PROMOTION OF IRISH

For over thirty-five years Gael-Linn has done pioneering work for the development of Ireland, particularly through the promotion of the Irish language, Irish music and arts in general and through the advancement of the social and economic life of the country, north and south.

Its main aims are (*a*) to promote the Irish language and our cultural heritage of music, song, and literature; (*b*) to contribute constructively to the educational, cultural and economic development of our country; (*c*) to provide a livelihood in Ireland for our own people, especially Irish-speakers in the Gaeltacht and elsewhere; and (*d*) to encourage young people to study their own culture and heritage as well as the cultures of other European nations.

Gael-Linn has played an important role in promoting the language, especially among young people. The best example of this is the annual arts festival Slógadh. The competition was founded by Gael-Linn in 1969/70 and has been growing ever since. Thirty thousand people take part in it each year; some former participants include Clannad and Liam Ó Maonlaí of the rock group Hothouse Flowers.

Gael-Linn also organises other events all year round, such as Irish language courses and specialist occupational courses for adults, post-primary and third-level debating competitions, and quizzes for primary school children and adults. It also sells a selection of goods, such as cassettes and CDs, handknitted goods, and books.

Information on events and goods is available from Gael-Linn, 77 Upper English Street, Armagh, phone (01861) 522162, or 26 Merrion Square, Dublin 2, phone (01) 6767283.

23 FOGHLAIMEOIRÍ GAEILGE

LEARNERS OF IRISH

Astrid Fiess

Iníon léinn Ghearmánach í Astrid atá ag staidéar i gColáiste na hOllscoile, Gaillimh, faoi láthair.

'Astrid Fiess an t-ainm atá orm. Is iníon léinn Ghearmánach mé, agus tá mé trí bliana is fiche d'aois. Tá mé ag foghlaim na Gaeilge le bliain go leith anois. Thosaigh mé ag cur suime sa teanga nuair a chuala mé cairde Éireannacha i bhFreiburg á labhairt. Taitníonn an Ghaeilge go mór liom, agus dá bharr sin tá mé ag déanamh staidéir ar an léann Ceilteach i gColáiste na hOllscoile, Gaillimh, anois.

'I ndiaidh domh a bheith ag foghlaim na teanga ar feadh bliana tháinig mé go

hÉirinn, agus d'fhan mé ar an Cheathrú Rua ar feadh míosa ag freastal ar dhian-chúrsa Gaeilge. Tá mé i gcónaí ar mo dhícheall ag iarr-aidh feabhas a chur ar mo chuid Gaeilge; i mbliana, mar shampla, d'fhreastail mé ar chúrsa do mhic léinn i Rann na Feirste ar feadh trí seachtaine.

'Is í an fhadhb is mó le foghlaim na Gaeilge ná nach gá í a labhairt in aon áit. Nuair a d'fhoghlaim mé Béarla thug mé cuairt ar Shasana, agus bhí orm mo chuid Béarla a úsáid agus bhí ar na daoine a bhí ag caint liom éisteacht liom agus ciall a bhaint as mo chuid cainte. Ba bheag duine a raibh Gearmáinis aige. In Éirinn, áfach, tá achan duine in ann Béarla a labhairt, agus ní bhíonn brú ar an fhoghlaimeoir an Ghaeilge a chleachtadh. Caithfidh an foghlaimeoir smacht a chur air nó uirthi féin agus cloí leis an Ghaeilge a labhairt. Chomh maith leis sin caithfidh aithne a bheith aige nó aici ar dhaoine eile a bhfuil foighne acu agus atá sásta an teanga a labhairt leis nó léi. Dar liom féin gur cheart go bpléifeadh múinteoirí fadhbanna mar seo ina gcuid ranganna Gaeilge agus go n-amharcfaidís ar dhóigheanna le dul i ngleic leo.

'Sílim gur minic a mhúintear an Ghaeilge ar nós achan teanga eile. B'fhearr plé le cásanna cumarsáide atá fíorúsáideach.

Chomh maith leis sin is minic a bhíonn béim ar ghramadach nó ar chomhrá amháin, ach b'fhearr i mo thuairim féin an dá rud a chleachtadh. Tá sé tábhachtach fosta an teanga a léamh agus píosaí beaga a scríobh.

'Muna gcuireann deacrachtaí mar sin as don té atá ag foghlaim na teanga, bainfidh sé nó sí an-taitneamh aisti. Is maith liom go mór í, agus sílim gurb fhiú í a fhoghlaim.'

Astrid is a German student at present studying in University College, Galway.
'My name is Astrid Fiess. I'm a 23-year-old German student and I've been learning Irish now for a year and a half. I became interested in Irish having heard friends in Freiburg speak it. I really like the language and therefore chose Celtic studies as a subject at university.

'After a year I came to Ireland and attended a month-long intensive course in An Cheathrú Rua in Conamara. I'm always trying hard to improve my Irish; this year, for example, I attended a three-week course for students in Rann na Feirste in Co. Donegal.

'The biggest problem learning Irish is that it isn't necessary to speak it anywhere. When I was learning English I visited England and had to use my English and make myself understood. Very few people spoke German. However, in Ireland everyone is able to speak English, and the learner is under no pressure whatsoever to practise it. The learner has to be very disciplined and make an effort to speak the language. The learner also has to know people who are willing and patient enough to speak Irish to him or her. I feel that Irish teachers should discuss these problems in their classes and perhaps look at ways of easing them.

'I think that Irish is often taught in the same way as any other language. It would be better to concentrate on useful phrases for the situations in which Irish is most commonly used. Classes frequently deal exclusively with either grammar or conversation, but I believe we need to practise a combination of the two. It's also important to read the language and write a little as well.

'If the learner overcomes these initial difficulties then he or she will enjoy the language a lot more. I really like Irish, and I think the effort of learning it was worth while.'

Gordon McCoy

As Co. an Dúin é Gordon ó dhúchas, agus tá dochtúireacht á déanamh aige faoi láthair san antraipeolaíocht in Ollscoil na Banríona i mBéal Feirste.
'Bhí a fhios agam i gcónaí go raibh a leithéid de rud ann agus an Ghaeilge, ach níor chuala mé riamh í go dtí go raibh mé naoi mbliana déag, nuair a chonaic mé Clannad ar "Top of the Pops". Cheannaigh mé ceirnín dá gcuid, agus d'fhás mo ghrá d'fhuaim na teanga, agus mhúscail an litriú aisteach mo spéis sa teanga fosta. Ar feadh fada go leor ina dhiaidh sin ní raibh mé ábalta an rud a spreag mé an Ghaeilge a fhoghlaim a mhíniú i gceart. Tuigim anois, áfach, go bhfuil suim inbheirthe agam i dteangacha go ginearálta. Ceangal eile a bhí agam leis an teanga ná go raibh cúlra Gaeilge ag mo shloinne agus le logainm mo bhaile fearainn.

'D'fhoghlaim mé Gaeilge ar dtús báire ag ranganna oíche in Ollscoil na Banríona. Ina dhiaidh sin rinne mé cinneadh cúrsa céime lánaimseartha a dhéanamh i gCeiltis agus in antraipeolaíocht ar an ollscoil. Gan mhoill, áfach, thuig mé nach dtiocfadh liom Gaeilge líofa a fhoghlaim i seomra ranga, agus is ansin a rinne mé an cinneadh an oiread ama agus a thiocfadh liom a chaitheamh sa Ghaeltacht. Chaith mé sé seachtaine i Ros Goill i gCo. Dhún na nGall ag déanamh taighde ar bheogacht na

teanga sa cheantar mar chuid do mo chéim antraipeolaíochta. De réir a chéile d'éirigh liom teacht isteach ar labhairt na teanga. Bhí Raidió na Gaeltachta ina chuidiú iontach agam agus mé ag iarraidh mo chumas tuisceana a fhorbairt.

'Taobh amuigh den Ghaeltacht is fíorannamh a bhíonn deis agam Gaeilge a labhairt, agus de thairbhe sin bíonn deacrachtaí agam mo líofacht chainte a choinneáil. Ní labhraíonn duine ar bith de mo theaghlach Gaeilge, agus is fíor-chorrdhuine i measc mo chuid cairde a bhfuil an teanga acu, cé go ndeir siad go minic gur mhaith leo í a fhoghlaim "am éigin"!

'Tá cónaí orm anois i ndeisceart Bhéal Feirste, agus anseo is ranganna do thosaitheoirí amháin atá ar fáil. Tá mé dóchasach, áfach, mar go bhfuil rang faighte agam d'fhoghlaimeoirí ag leibhéal níos airde, le múinteoir ó Thoraigh!'

Gordon is originally from Co. Down and is now studying anthropology at Queen's University, Belfast.
'I always knew that Irish existed, but I never heard it until I was nineteen, when Clannad appeared on "Top of the Pops". I bought an album of theirs and grew to love the sound of Irish; the crazy spelling also intrigued me. For a long time afterwards I was unable to fully explain my motivations to learn Irish, although I now realise that I have an innate interest in languages in general. I also found that I could identify with the language as my surname and townland name had Irish roots.

'I first learnt Irish by attending evening classes at Queen's University. Later I decided to enrol for a full-time degree course in

Celtic and anthropology at the university. However, I quickly discovered that I could not acquire fluency in a classroom context, so I decided to spend as much time as possible in the Gaeltacht. As part of my anthropology degree I spent six weeks in Ros Goill, Co. Donegal, conducting fieldwork for a dissertation on the vitality of the language in the district. Eventually I developed a fairly good command of spoken Irish. I found listening to Raidió na Gaeltachta to be of enormous benefit in developing my passive comprehension of the language.

'Outside the Gaeltacht I rarely have opportunities to speak Irish, and therefore I have difficulty in retaining my competence in the language. None of my family and few of my friends speak Irish, though many friends tell me they would like to learn Irish "some time"!

'I now live in south Belfast, where the Irish-language scene mostly consists of classes for learners that are at an earlier stage than myself. However, I live in hope: I have discovered one advanced class with a teacher from Tory Island!'

Bettina Kimpton

Tá Bettina cúig bliana is fiche d'aois agus is Meiriceánach Portó Ríceach í. Tá sí ag déanamh dochtúireachta sa léann Ceilteach in Ollscoil Harvard I Massachusetts.

'Músclaíodh suim sa Ghaeilge ionam i ndiaidh domh freastal ar léamh filíochta a thug Nuala Ní Dhomhnaill in Ollscoil Yale le linn domh a bheith ag staidéar ansin mar fhochéimí. Thaitin an teanga go mór liom ón tús, agus shíl mé go raibh na fuaimeanna binn agus ceolmhar. Ina dhiaidh sin léigh mé alt sa *New York Times* faoi chúrsaí Oideas Gael i nGleann Cholm Cille i gCo. Dhún na nGall, agus chinn mé ar dhul ansin. D'fhoghlaim mé cuid mhór Gaeilge ar na cúrsaí ansin.

'An rud is mó a chuidigh liom ina dhiaidh sin ná a bheith ag éisteacht le téipeanna de chainteoirí dúchais, ag léamh scripte den chaint ag an am céanna agus ag déanamh aithrise orthu ansin. Duine de mo chuid múinteoirí in Oideas Gael a chuir an t-ábhar seo ar fáil domh, agus bhí sé ina chuidiú mór.

'Is iad na deacrachtaí is mó atá agamsa ag foghlaim na Gaeilge ná easpa cúrsaí anseo i Meiriceá agus easpa deiseanna leis an teanga a labhairt.'

Bettina is twenty-five and is a Puerto Rican American. She is a student of Celtic studies at Harvard University in Massachusetts.

'My interest in Irish was aroused after I attended a reading given by the poet Nuala Ní Dhomhnaill at Yale University, where I was studying as an undergraduate. I liked the language a lot from the beginning and found its sounds sweet and musical. I subsequently read an article in the *New York Times* about Oideas Gael's courses in Gleann Cholm Cille, Co. Donegal, and decided to go there. I learnt a great deal of Irish during those particular courses.

'Afterwards I found that listening to recordings of native speakers, while simultaneously reading a transcript of their speech and repeating what they were saying, to be the most effective means of acquiring the language. The materials I used were provided by one of my teachers in Oideas Gael, and proved most useful.

'The greatest difficulties I have as a learner are the lack of classes here in America and the lack of opportunities to use the language.'

How the Language Works

SPELLING—THE GOLDEN RULE

The following rule applies when you are spelling in Irish: **Caol le caol agus leathan le leathan** (slender with slender and broad with broad). This refers to the type of vowel on each side of a consonant or group of consonants.

The broad vowels are **a**, **o**, and **u**, and the slender ones are **e** and **i**. Therefore, in words made up of more than one syllable, the vowels on each side of a consonant must match.

Broad vowels matching
tabharfaidh sé
coimhéadaigí

Slender vowels matching
chífidh mé
druidigí

THE ARTICLES

There is no word for 'a' or 'an' in Irish. So—
fear means 'man' or 'a man'
óstán means 'hotel' or 'a hotel'

The Irish equivalents of 'the' are **an** (used before singular nouns) and **na** (used before plural nouns):
an bhialann (the restaurant)
an dráma (the play)

na cailíní (the girls)
na cláracha (the programmes)

When **na** comes before a plural noun beginning with a vowel, **h** is placed before the vowel:
na hamhráin (the songs)

NOUNS

All nouns in Irish are either masculine or feminine. In the main Irish-English dictionary, Ó Dónaill's **Foclóir Gaeilge-Béarla**, and in other dictionaries, *m.* or *f.* is used to indicate which gender the nouns are.

Masculine and feminine nouns behave in different ways when preceded by the article.

1. Words beginning with a consonant

Masculine	Feminine	
an meicneoir	an <u>bh</u>analtra	
(the mechanic)	(the nurse)	(Exceptions: **d, h, l, n, r, s, t.**)

2. Words beginning with s

Masculine	Feminine	
an siopadóir	an <u>t</u>sráid	
(the shopkeeper)	(the street)	(Exceptions: **sc–, sl–, sm–, sp–, st–.**)

3. Words beginning with a vowel

Masculine	Feminine
an <u>t</u>-uibheagán	an amharclann
(the omelette)	(the theatre)

In the case of nouns ending in a consonant and having two or more syllables, you can often tell by their shape whether they are feminine or masculine.

Some masculine endings

–án	**an t-óstán** (the hotel)
–ún	**an colún** (the column)
–ín	**an cailín** (the girl)
–ús	**an brabús** (the profit)
–úr	**an séasúr** (the season)
–éad	**an ticéad** (the ticket)
–éal	**an muinéal** (the neck)
–éar	**an páipéar** (the paper)
–éir	**an búistéir** (the butcher)
–óir	**an ceoltóir** (the musician)
–eoir	**an bainisteoir** (the manager)
–úir	**an dochtúir** (the doctor)

Some feminine endings

–áil	**an admháil** (the receipt)
–cht	**an cháilíocht** (the qualification)
–eog	**an fhuinneog** (the window)
–óg	**an chiaróg** (the beetle)
–éis	**an réamhaisnéis** (the forecast)
–ís	**an tseirbhís** (the service)

THE GENITIVE CASE

A noun is in the genitive case when certain words come before it or before the article accompanying it. Among these words are—

(*a*) another noun:

an leabharlann	the library
doras na leabharlainne	the door of the library

mo dheartháir	my brother
bean mo dhearthár	my brother's wife

(In many cases, when two nouns come together like this they are referring to something being 'of' something else or belonging to something else.)

(b) a verbal noun (those words that end in –ing in English):

an teach	the house
ag glanadh an tí	cleaning the house
an carr	the car
ag cóiriú an chairr	fixing the car

(c) a compound preposition:

seachtain	a week
ar feadh seachtaine	for a week
coicís	a fortnight
i gceann coicíse	in a fortnight's time
an siopa	the shop
os comhair an tsiopa	in front of the shop

(d) the prepositions **chun** (to), **cois** (beside), **timpeall** (around), and **trasna** (across):

an tír	the country
timpeall na tíre	around the country
an bhialann	the restaurant
chun na bialainne	to the restaurant
an pháirc	the field
trasna na páirce	across the field
an tine	the fire
cois na tine	beside the fire

(e) words that denote quantity:

airgead	money
a lán airgid	a lot of money
Fraincis	French [language]
beagán Fraincise	a little French
Gearmáinis	German [language]
cuid mhór Gearmáinise	a lot of German

(f) the word **cuid** (used when an unspecified or indefinite quantity or an unspecified number of people is being referred to):

gruaig	hair
mo chuid gruaige	my hair

Again, Ó Dónaill's *Foclóir Gaeilge-Béarla* is useful if you want to find the genitive singular and genitive plural endings of nouns: the former is denoted by the letters *gs.* and the latter by the letters *gpl.* Here is a typical entry:

clann, f. (*gs.* -ainne, *npl.* -a, *gpl.* ~).

THE ARTICLE IN THE GENITIVE CASE

The article **na** is also used when feminine nouns are in the genitive singular:

an fhuinneog	the window
gloine na fuinneoige	the glass of the window

THE BEGINNING OF WORDS IN THE GENITIVE CASE

The following rules refer to the changes that occur to the *beginning* of nouns when they are preceded by the article (**an** or **na**) in the genitive singular. As mentioned above, you can find out what happens to the *ending* of nouns in the genitive by consulting the dictionary.

1. Nouns beginning with a consonant

In the genitive case, a *séimhiú* is added to masculine nouns beginning with a consonant (other than **d**, **l**, **n**, **r**, **s**, and **t**) and preceded by **an**; feminine nouns lose the *séimhiú* that they have in their basic form.

	Masculine	Feminine
Basic form	**an meicneoir**	**an fhuinneog**
	(the mechanic)	(the window)
Genitive	**obair an <u>mh</u>eicneora**	**gloine na fuinneoige**
	(the mechanic's work)	(the glass of the window)

2. Nouns beginning with **s**

In the genitive case, **t** is placed before masculine nouns beginning with **s** (except **sc–**, **sf–**, **sm–**, **sn–**, **sp–**, and **st–**), whereas feminine nouns lose the **t**.

	Masculine	Feminine
Basic form	**an siopadóir**	**an <u>t</u>sráid**
	(the shopkeeper)	(the street)
Genitive	**bean an <u>t</u>siopadóra**	**barr na sráide**
	(the shopkeeper's wife)	(the top of the street)

3. Words beginning with a vowel

In the genitive case, masculine nouns beginning with a vowel lose the **t-**, and **h** is placed before feminine nouns.

	Masculine	Feminine
Basic form	**an <u>t</u>-uibheagán**	**an amharclann**
	(the omelette)	(the theatre)
Genitive	**ag ithe an uibheagáin**	**aisteoirí na <u>h</u>amharclainne**
	(eating the omelette)	(the theatre's actors)

THE PLURAL

Ó Dónaill's dictionary also gives the plural of all the nouns listed in it; this is denoted by the letters *npl.* (for 'nominative plural'). In the case of the word **clann** above, for example, you add **a** to the singular form to form the plural.

THE VOCATIVE CASE

Changes often occur in people's names when they are addressed directly or are being called. With female names a *séimhiú* is added:

Siobhán	a <u>Sh</u>iobhán
Clár	a <u>Ch</u>lár

With male names a *séimhiú* is also added and, in many cases, an **i** before the final consonant:

Seán	a <u>Sh</u>eá<u>i</u>n
Ciarán	a <u>Ch</u>iará<u>i</u>n

ADJECTIVES

Adjectives in Irish generally follow the noun:

gruaig	hair
gruaig fhada	long hair
fíon	wine
fíon dearg	red wine

Here are two adjectives that precede the noun:

sean	old
an seanteach	the old house
droch	bad
drochshlaghdán	a bad cold

Adjectives agree with the nouns that precede them in gender and number (singular or plural). A *séimhiú* is added to adjectives that follow a feminine noun:

cineálta	kind
bean <u>ch</u>ineálta	a kind woman
daor	expensive
an bhialann <u>dh</u>aor	the expensive restaurant

THE PLURAL OF ADJECTIVES

In the case of many adjectives that end in a consonant, you add **a** to a broad consonant and **e** to a slender consonant:

gorm	blue
súile gorm<u>a</u>	blue eyes
ciúin	quiet
páistí ciúin<u>e</u>	quiet children

–úil becomes –úla:

dathúil	good-looking
daoine dathúla	good-looking people
cáiliúil	famous
ceoltóirí cáiliúla	famous musicians

Adjectives ending in a vowel remain unchanged in the plural:

tanaí	thin
daoine tanaí	thin people
fada	long
laethanta fada	long days

A *séimhiú* is not added to adjectives that follow feminine nouns in the plural:

oíche <u>mh</u>aith	a good night
oícheanta maithe	good nights

However, a *séimhiú* is added to adjectives coming after masculine nouns that end in a slender consonant in the plural:

amhrán fada	a long song
amhráin <u>fh</u>ada	long songs
fear deas	a nice man
fir <u>dh</u>easa	nice men

The prefix **an-**

There are two ways of saying 'very' in Ulster Irish: **iontach** or **an-**:

iontach deas	very nice
or	
an-deas	

Adjectives remain unchanged after **iontach**:

bialann <u>mh</u>ór	a big restaurant
bialann iontach mór	a very big restaurant

Adjectives beginning with a consonant (other than **d**, **l**, **n**, **r**, **s**, or **t**) take a *séimhiú* after **an-**:

an-<u>fh</u>ada	very long
an-<u>ch</u>iúin	very quiet
but	
an-deacair	very difficult
an-saibhir	very rich

The prefix **ró**

The prefix **ró** means 'too', and words beginning with a consonant (other than **l**, **n**, or **r**) take a *séimhiú* after it:

ró<u>fh</u>uar	too cold
ró<u>mh</u>ilis	too sweet

Comparisons

The word **níos** is used when a comparison is being made between two or more things. Adjectives ending in a vowel do not change after **níos**, but most adjectives ending in a consonant are changed:

(*a*) some adjectives are *slenderised* (**i** is added before the final consonant) and **e** is added to the end:

trom	heavy
níos troime	heavier
daor	dear
níos daoire	dearer

(b) –úil changes to –úla:

suimiúil	interesting
níos suimiúla	more interesting
cáiliúil	famous
níos cáiliúla	more famous

(c) –air changes to –ra:

deacair	difficult
níos deacra	more difficult

(d) –each changes to –í:

aisteach	strange
níos aistí	stranger

(e) –ach changes to –aí:

tábhachtach	important
níos tábhachtaí	more important

The irregular comparatives are used very frequently, and therefore it's important to learn them:

beag (small)	**níos lú** (smaller)
breá (fine)	**níos breátha** (finer)
fada (long)	**níos faide** (longer)
furasta (easy)	**níos fusa** (easier)
maith (good)	**níos fearr** (better)
mór (big)	**níos mó** (bigger)
olc (bad)	**níos measa** (worse)
te (hot)	**níos teo** (hotter)

If you want to say that something is the biggest, the best, etc., you use the word **is**:

an siopa is fearr	the best shop
an lá is deise	the nicest day

Possessive adjectives

The possessive adjectives—words that denote possession—affect the words that follow them in different ways.

	Consonant	Vowel
mo (my)	mo <u>mh</u>ac	m'iníon
do (your)	do <u>mh</u>áthair	d'athair
a (his)	a <u>bh</u>ean	a iníon
a (her)	a fear	a <u>h</u>athair
ár (our)	ár <u>bp</u>áistí	ár <u>n</u>-athair

	Consonant	*Vowel*
bhur (your)	bhur gclann	bhur <u>n</u>-iníon
a (their)	a <u>b</u>páistí	a <u>n</u>-athair

The possessive adjectives are never stressed in speech: to add emphasis, you add certain endings to the nouns that follow them. Notice how the spelling of these endings varies slightly according to the **Caol le caol agus leathan le leathan** rule:

Slender ending (e, i)	*Broad ending* (a, o, u)
mo mháthair<u>se</u> (*my* mother)	mo mhac<u>sa</u> (*my* son)
do mháthair<u>se</u> (*your* mother)	do mhac<u>sa</u> (*your* son)
a mháthair<u>sean</u> (*his* mother)	a mhac<u>san</u> (*his* son)
a máthair<u>sean</u> (*her* mother)	a mac<u>san</u> (*her* son)
ár máthair<u>ne</u> (*our* mother)	ár mac<u>na</u> (*our* son)
bhur máthair<u>se</u> (*your* mother)	bhur mac<u>sa</u> (*your* son)
a máthair<u>sean</u> (*their* mother)	a mac<u>san</u> (*their* son)

PRONOUNS

Pronouns are words that we use when we don't need to or want to repeat a noun, whether that noun refers to a person or to a thing. The following forms are used when the pronoun immediately follows the verb as its subject:

mé (I, me)

tú (you)

sé (he/it—when referring to a masculine word)

sí (she/it—when referring to a feminine word)

muid (we, us)

sibh (you)

siad (they)

In all other cases the following forms are used in the third person:

é (him/it—when referring to a masculine word)

í (her/it—when referring to a feminine word)

iad (them)

Tá Micheál sa bhaile; chonaic mé inné é.   Micheál is at home; I saw him yesterday.

The emphatic forms

Singular	*Plural*
mise	muidne
tusa	sibhse
seisean/eisean	siadsan/iadsan
sise/ise	

PREPOSITIONS

ag (at)

Nouns that follow **ag** remain unchanged:

Bhí timpiste ag Micheál.   Micheál had an accident.

214

ar (on, etc.)

Ar doesn't affect following nouns beginning with a vowel, but it adds a *séimhiú* to nouns beginning with a consonant in most cases:

D'iarr mé síob ar Phóilín.	I asked Póilín for a lift.

as (from)

As doesn't change nouns beginning with a consonant or a vowel:

as Albain	from Scotland
As Doire mé.	I'm from Derry.

chuig (to)

The word **chuig** is used instead of **go** or **go dtí** when you're talking about going to an event or to see a person; it doesn't affect nouns that follow it:

Chuaigh Nóra chuig ceolchoirm.	Nóra went to a concert.
Chuaigh sí chuig an dochtúir.	She went to the doctor.

do (to, for)

Do adds a *séimhiú* to words beginning with a consonant (except **l**, **n**, or **r**):

Thug mé bronntanas do Shéamas.	I gave a present to Séamas.

Do is abbreviated to **d'** before a vowel or **fh**:

Tabhair seo d'Aoife.	Give this to Aoife.

go (to)

Nouns beginning with a consonant remain unchanged after **go**:

go Béal Feirste	to Belfast

But **h** is placed before nouns beginning with a vowel:

go hAontroim	to Antrim

go dtí (to)

This is used instead of **go** before nouns that are preceded by the article, and doesn't affect them in any way:

go dtí an Fhrainc	to France

i/in (in)

I is used before nouns beginning with a consonant and adds an *urú* to all consonants except **l**, **m**, **n**, **r**, and **s**:

i dteach Liam	in Liam's house

In is used before vowels and doesn't cause any change:

Rugadh in Albain mé.	I was born in Scotland.

le (with)

Nouns beginning with a consonant remain unchanged after **le**, but it adds **h** to nouns beginning with a vowel:

Tá mé ag dul go Corcaigh le Dónall.	I'm going to Cork with Dónall.
Tá sí anseo le hocht lá.	She's here for eight days.

ó (from)

The preposition **ó** adds a *séimhiú* to nouns beginning with a consonant (except **l**, **n**, or **r**):

trasna ó theach Bhríd   across from Bríd's house

Nouns beginning with a vowel remain unchanged after **ó**:

ó Éamann   from Éamann

PREPOSITIONS WITH THE SINGULAR ARTICLE

Certain prepositions change when they are used with the article (**an**):

do + an = don (to the/for the)

i + an = sa (in the) (used before a consonant)

in + an = san (in the) (used before a vowel)

le + an = leis an (with the)

ó + an = ón (from the)

Note that the prepositions that can be used with the article (**an**) add a *séimhiú* to words that begin with a consonant (except **d**, **l**, **n**, **s**, or **t**):

ag an chóisir	at the party
ar an cheathrú lá	on the fourth day
as an mhála	from the bag
chuig an cheolchoirm	to the concert
don bhean	for the woman
leis an mhúinteoir	with the teacher
ón Ghearmáin	from Germany
sa bhaile	at home

Feminine nouns beginning with a vowel are unaffected; but note that masculine nouns beginning with a vowel are not preceded by **t-**:

an t-uisce	the water
ar an uisce	on the water
an t-ollmhargadh	the supermarket
san ollmhargadh	in the supermarket

PREPOSITIONS WITH THE PLURAL ARTICLE

Most prepositions remain unchanged when used with the plural article (**na**), except the following:

i + na = sna (in the)

le + na = leis na (with the)

Remember that **na** doesn't change nouns beginning with a consonant, but **h** is placed in front of nouns that begin with a vowel and come after **na**:

leis na buachaillí	with the boys
leis na hamhránaithe	with the singers

PREPOSITIONAL PRONOUNS

Simple prepositions (e.g. **ag**, **ar**) combined with personal pronouns (**mé**, **tú**, etc.) are known as *prepositional pronouns.* Here are the most commonly used:

	1. sing. mé	2. sing. masc. tú	3. sing. fem. sé	3. sing. sí	1. plu. muid	2. plu. sibh	3. plu. siad
ag (at)	agam	agat	aige	aici	againn	agaibh	acu
ar (on)	orm	ort	air	uirthi	orainn	oraibh	orthu
as (from)	asam	asat	as	aisti	asainn	asaibh	astu
chuig (to)	chugam	chugat	chuige	chuici	chugainn	chugaibh	chucu
do (to/for)	domh	duit	dó	di	dúinn	daoibh	dóibh
le (with)	liom	leat	leis	léi	linn	libh	leo
ó (from)	uaim	uait	uaidh	uaithi	uainn	uaibh	uathu

THE CARDINAL NUMBERS

0	a náid	21	fiche a haon
1	a haon	22	fiche a dó
2	a dó	30	tríocha
3	a trí	33	tríocha a trí
4	a ceathair	40	ceathracha/daichead
5	a cúig	44	ceathracha a ceathair
6	a sé	50	caoga/leathchéad
7	a seacht	55	caoga a cúig
8	a hocht	60	seasca
9	a naoi	66	seasca a sé
10	a deich	70	seachtó
11	a haon déag	77	seachtó a seacht
12	a dó dhéag	80	ochtó
13	a trí déag	88	ochtó a hocht
14	a ceathair déag	90	nócha
15	a cúig déag	99	nócha a naoi
16	a sé déag	100	céad
17	a seacht déag	101	céad a haon
18	a hocht déag	200	dhá chéad
19	a naoi déag	300	trí chéad
20	fiche	1,000	míle

COUNTING THINGS

Counting 2–6 things

The numbers 2–6 cause a *séimhiú* in words beginning with a consonant (except **l**, **n**, or **r**):

punt amháin/aon phunt amháin	one pound
dhá phunt	two pounds
trí phunt	three pounds
ceithre phunt	four pounds
cúig phunt	five pounds
sé phunt	six pounds

Words beginning with a vowel remain unchanged:

trí oráiste	three oranges
ceithre úll	four apples

Note that the singular form is generally used after numbers:

oráistí	oranges
but	
sé oráiste	six oranges

Also note that the numbers 1, 2 and 4 are different when counting things:

a haon	one
bosca amháin/aon bhosca amháin	one box
a dó	two
dhá bhosca	two boxes
a ceathair	four
ceithre bhosca	four boxes

Counting 7–10 things

After the numbers 7–10 an *urú* is placed before nouns beginning with a consonant (other than **l**, **m**, **n**, **r**, or **s**) and before words beginning with a vowel:

seacht mbuidéal	seven bottles
ocht mbosca	seven boxes
naoi bpionta	nine pints
deich ndeoch	ten drinks
ocht n-oíche	eight nights

Counting more than ten things

aon phunt déag	eleven pounds
dhá phunt déag	twelve pounds
trí phunt déag	thirteen pounds
ceithre phunt déag	fourteen pounds
cúig phunt déag	fifteen pounds
sé phunt déag	sixteen pounds
seacht bpunt déag	seventeen pounds
ocht bpunt déag	eighteen pounds

| naoi bpunt déag | nineteen pounds |
| fiche punt | twenty pounds |

Here are two ways of counting more than twenty things. Both are equally correct, but the first one is the simplest, because there is no need to change the noun in any way.

fiche is a haon punt/punt is fiche	twenty-one pounds
tríocha is a dó punt/dhá phunt is tríocha	thirty-two pounds
ceathracha is a trí punt/trí phunt is ceathracha	forty-three pounds
caoga is a ceathair punt/ceithre phunt is caoga	fifty-four pounds
seasca is a cúig punt/cúig phunt is seasca	sixty-five pounds
seachtó is a sé punt/sé phunt is seachtó	seventy-six pounds
ochtó is a seacht punt/seacht bpunt is ochtó	eighty-seven pounds
nócha is a hocht punt/ocht bpunt is nócha	ninety-eight pounds

IRREGULAR NOUNS

Here are three important nouns that are irregular.

bliain (year)

bliain amháin	one year
dhá bhliain	two years
trí bliana	three years
ceithre bliana	four years
cúig bliana	five years
sé bliana	six years
seacht mbliana	seven years
ocht mbliana	eight years
naoi mbliana	nine years
deich mbliana	ten years
aon bhliain déag	eleven years

Counting 12–19 years is similar to counting 2–9 years:

dhá bhliain déag	twelve years
trí bliana déag	thirteen years
seacht mbliana déag	seventeen years

uair (hour or time)

uair	one hour
dhá uair	two hours
trí huaire	three hours
ceithre huaire	four hours
cúig huaire	five hours
sé huaire	six hours

seacht <u>n</u>-uaire	seven hours
ocht <u>n</u>-uaire	eight hours
naoi <u>n</u>-uaire	nine hours
deich <u>n</u>-uaire	ten hours

Note that **uaire** can also mean 'times':

trí huaire sa tseachtain	three times a week

pingin (penny)

pingin (amháin)	one penny
dhá phingin	two pence
trí pingine	three pence
ceithre pingine	four pence
cúig pingine	five pence
sé pingine	six pence
seacht <u>b</u>pingine	seven pence
ocht <u>b</u>pingine	eight pence
naoi <u>b</u>pingine	nine pence
deich <u>b</u>pingine	ten pence

COUNTING PEOPLE

duine (amháin)	one person
beirt	two people
triúr	three people
ceathrar	four people
cúigear	five people
seisear	six people
seachtar	seven people
ochtar	eight people
naonúr	nine people
deichniúr	ten people

Nouns that follow the personal numbers are usually in the genitive plural (although some of the nouns look exactly as they do in the singular):

mac (son)	**triúr mac** (three sons)
iníon (daughter)	**cúigear iníonacha** (five daughters)
deartháir (brother)	**ceathrar deartháireacha** (four brothers)
deirfiúr (sister)	**seachtar deirfiúracha** (seven daughters)

Words beginning a consonant take a *séimhiú* after **beirt**:

beirt <u>mh</u>ac	two sons
beirt <u>ch</u>eoltóirí	two musicians

ORDINAL NUMBERS

an chéad	the first
an dara	the second
an tríú	the third
an ceathrú	the fourth
an cúigiú	the fifth
an séú	the sixth
an seachtú	the seventh
an t-ochtú	the eighth
an naoú	the ninth
an deichiú	the tenth

Nouns beginning with a consonant (except **d**, **n**, **t**, **l**, or **s**) take a *séimhiú* after **an chéad**:

an chéad <u>f</u>hear	the first man
an chéad <u>c</u>hrosbhóthar	the first crossroads
but	
an chéad seachtain	the first week

Words beginning with a consonant don't change after **an dara–an deichiú**:

an dara crosbhóthar	the second crossroads
an tríú bean	the third woman

Vowels that follow **an dara–an deichiú**, however, are preceded by **h**:

an dara <u>h</u>áit	the second place
an cúigiú <u>h</u>oíche	the fifth night

THE VERB

Most verbs in Irish are regular. The *imperative* or command form of the verb is taken as the root; for example:

imigh	go

Verbs in Irish are divided into two main classes or *conjugations*. Verbs belonging to the first class end in **–ann** or **–eann** in the present tense, while verbs belonging to the second conjugation end in **–aíonn** or **–íonn** in that tense.

The present tense

Class 1 (slender consonants)	Class 1 (broad consonants)
tuigim (I understand)	**ólaim** (I drink)
tuigeann tú (you understand)	**ólann tú** (you drink)
tuigeann sé/sí (he/she understands)	**ólann sé/sí** (he/she drinks)
tuigeann muid* (we understand)	**ólann muid*** (we drink)
tuigeann sibh (you understand)	**ólann sibh** (you drink)
tuigeann siad (they understand)	**ólann siad** (they drink)
*also written as **tuigimid**	*also written as **ólaimid**

Class 2 (slender consonants)
imím (I leave)
imíonn tú (you leave)
imíonn sé/sí (he/she leaves)
imíonn muid* (we leave)
imíonn sibh (you leave)
imíonn siad (they leave)
*also written as **imímid**

Class 2 (broad consonants)
ceannaím (I buy)
ceannaíonn tú (you buy)
ceannaíonn sé/sí (he/she buys)
ceannaíonn muid* (we buy)
ceannaíonn sibh (you buy)
ceannaíonn siad (they buy)
*also written as **ceannaímid**

QUESTIONS IN THE PRESENT TENSE

A question is formed in the present tense by placing **An** before the verb. This causes an *urú* in verbs beginning with a consonant (except **l, m, n, r,** or **s**):

An d̲tuigeann tú?   Do you understand?

(This **An** tends not to be pronounced in everyday speech.)

An doesn't cause an *urú* in verbs beginning with a vowel:

An ólann tú beoir?   Do you drink beer?

There is no single equivalent to the English words 'yes' and 'no' in Irish. In order to answer 'Yes' or 'No' you must listen to the question and use the same verb in your answer:

An ólann tú tae?   Do you drink tea?
Ólaim.   Yes./I do.

THE NEGATIVE MARKER NÍ

You place **Ní** before a verb in the present tense to make a negative statement. Verbs beginning with a consonant (except **l, n,** or **r**) take a *séimhiú*:

Ní t̲héim ansin go minic.   I don't go there often.

Verbs beginning with a vowel are unaffected by **Ní**:

Ní ólann sé mórán anois.   He doesn't drink much now.

THE PAST TENSE

Class 1 verbs

In the case of class 1 verbs, the past tense is formed by
(*a*) removing the present tense ending (–**eann** or –**ann**) and
(*b*) adding a *séimhiú* if they begin with a consonant (except **l, n,** or **r**):

[tuigeann]
t̲huig mé   I understood
t̲huig tú   you understood
t̲huig sé/sí   he/she understood
t̲huig muid   we understood
t̲huig sibh   you understood
t̲huig siad   they understood

D' is placed before verbs beginning with a vowel; **d'** is also placed before verbs beginning with **f**, and a *séimhiú* is also added:

[ólann]

<u>d'</u>ól mé   I drank

[fanann]

<u>d'f</u>han mé   I waited or stayed

<u>Class 2 verbs</u>

In the case of class 2 verbs, the past tense is formed by

(*a*) removing the present tense ending (–**íonn** or –**aíonn**)

(*b*) adding a *séimhiú* to verbs beginning with a consonant (except **l**, **n**, or **r**), and

(*c*) adding the ending –**igh** or –**aigh**:

[ceannaíonn]

<u>ch</u>eann<u>aigh</u> mé	I bought
<u>ch</u>eann<u>aigh</u> tú	you bought
<u>ch</u>eann<u>aigh</u> sé/sí	he/she bought
<u>ch</u>eann<u>aigh</u> muid	we bought
<u>ch</u>eann<u>aigh</u> sibh	you bought
<u>ch</u>eann<u>aigh</u> siad	they bought

[coinním]

<u>ch</u>oinn<u>igh</u> mé   I kept

Again, **d'** is placed before verbs beginning with a vowel or **f**:

[imigh]

<u>d'</u>imigh sí   she left

[fiafraigh]

<u>d'f</u>hiafraigh mé   I asked

QUESTIONS IN THE PAST TENSE

Ar is placed before regular verbs in the past tense in order to form a question. This causes a *séimhiú* in verbs beginning with a consonant:

Ar <u>ch</u>eannaigh tú carr úr?   Did you buy a new car?

Verbs beginning with a vowel remain unchanged:

Ar ól tú uisce beatha riamh?   Did you ever drink whiskey?

When answering questions in the past tense, as in other tenses, there is no need to use a pronoun:

Ar imigh Tomás inné?	Did Tomás leave yesterday?
D'imigh.	Yes./He did.
Ar thuig tú an léacht?	Did you understand the lecture?
Thuig.	Yes./I did.

THE NEGATIVE MARKER IN THE PAST TENSE

Ní becomes **Níor** in the past tense (when used with regular verbs) and adds a *séimhiú* to verbs beginning with a consonant (other than **l**, **n**, or **r**):

Níor <u>bh</u>uail mé léi riamh.   I never met her.

THE FUTURE TENSE

Class 1 verbs

In the case of class 1 verbs, the future tense is formed by
(*a*) removing the present tense ending (**–eann** or **–ann**), and
(*b*) adding the ending **–faidh** or **–fidh**.

[ólann]

ól<u>faidh</u> mé	I will drink
ól<u>faidh</u> tú	you will drink
ól<u>faidh</u> sé/sí	he/she will drink
ól<u>faidh</u> muid*	we will drink
ól<u>faidh</u> sibh	you will drink
ól<u>faidh</u> siad	they will drink

*also written as **ólfaimid**

[tuigeann]

tuig<u>fidh</u> mé	I will understand
tuig<u>fidh</u> tú	you will understand
tuig<u>fidh</u> sé/sí	he/she will understand
tuig<u>fidh</u> muid*	we will understand
tuig<u>fidh</u> sibh	you will understand
tuig<u>fidh</u> siad	they will understand

*also written as **tuigfimid**

Class 2 verbs

In the case of class 2 verbs, the future tense is formed by
(*a*) removing the present tense ending (**–íonn** or **–aíonn**), and
(*b*) adding the ending **–eoidh** or **–óidh**.

[imíonn]

im<u>eoidh</u> mé	I will leave
im<u>eoidh</u> tú	you will leave
im<u>eoidh</u> sé/sí	he/she will leave
im<u>eoidh</u> muid*	we will leave
im<u>eoidh</u> sibh	you will leave
im<u>eoidh</u> siad	they will leave

*also written as **imeoimid**

[ceannaíonn]

ceann<u>óidh</u> mé	I will buy
ceann<u>óidh</u> tú	you will buy

ceann<u>ó</u>idh sé/sí	he/she will buy
ceann<u>ó</u>idh muid*	we will buy
ceann<u>ó</u>idh sibh	you will buy
ceann<u>ó</u>idh siad	they will buy

*also written as **ceannóimid**

QUESTIONS IN THE FUTURE TENSE

Questions are formed in the future tense by placing **An** before the verb. This adds an *urú* to verbs beginning with a consonant:

An <u>n</u>druidfidh tú an doras?   Will you close the door?

Verbs beginning with a vowel remain unchanged:

An éireoidh tú go luath?   Will you get up early?

THE NEGATIVE MARKER IN THE FUTURE TENSE

You use **Ní** in the future tense in order to make a statement negative. A *séimhiú* is added to words beginning with a consonant:

Ní <u>th</u>uigfidh sibh é.   You won't understand him.

Words beginning with a vowel remain unchanged:

Ní osclóidh sí an siopa.   She will not open the shop.

USING PRESENT TENSE + VERBAL NOUN TO TALK ABOUT FUTURE EVENTS

You can use the present tense and a verbal noun to talk about things that are going to happen in the future, in the same way that you can in English. Here are some examples:

Tá mé ag dul go Londain Dé hAoine.   I'm going to London on Friday.
Tá mé ag obair oíche Mháirt.   I'm working on Tuesday night.
Tá mé ag imeacht arís tráthnóna amárach.   I'm leaving again tomorrow evening.

THE IMPERATIVE MOOD

You must use the imperative mood if you wish to give someone an order or an instruction.

Class 1 verbs

The imperative singular is formed by removing the present tense ending –**ann** or –**eann**:

Present tense	*Imperative singular*
[ólann]	
ól	drink
[druideann]	
druid	close

The plural is formed by adding the ending –**aigí** or –**igí** to the singular form:

Imperative singular	*Imperative plural*
ól	**ólaigí**
druid	**druidigí**

Class 2 verbs

The imperative singular is formed by removing the present tense ending –**aíonn** or –**íonn** and adding –**aigh** or –**igh**:

Present tense	Imperative singular	
ceannaíonn	ceannaigh	buy
imíonn	imigh	go

The plural is formed by removing the present tense ending –**aíonn** or –**íonn** and adding the ending –**aígí** or –**ígí**:

Imperative singular	Imperative plural
ceannaigh	ceannaígí
imigh	imígí

The negative

To form the negative in the imperative you place **Ná** before the verb. Verbs beginning with a consonant remain unchanged after **Ná**, but **h** must be placed before verbs beginning with a vowel:

Ná déan sin.	Don't do that.
Ná bí dána.	Don't be bold.
Ná h̲ólaigí an t-uisce sin.	Don't drink that water.

Here are some frequently used imperatives. Some are irregular and don't follow the rules outlined above:

Imperative singular	Imperative plural
abair (say)	**abraigí**
bí (be)	**bígí**
cíor (comb)	**cíoraigí**
coimhéad (look out)	**coimhéadaigí**
déan (do or make)	**déanaigí**
éirigh (get up)	**éirígí**
faigh (get)	**faighigí**
fan (wait)	**fanaigí**
gabh (go)	**gabhaigí**
glan (clean)	**glanaigí**
ith (eat)	**ithigí**
oscail	**osclaígí**
suigh (sit)	**suígí**
tabhair (give)	**tabharaigí**
tar (come)	**taraigí/tagaigí**
téigh (go)	**téigí**

IRREGULAR VERBS

Irish has only a handful of irregular verbs, but they are used very frequently, so it is important to learn them.

abair (say)

	Present tense	*Past tense*	*Future tense*
	Deirim	Dúirt mé	Déarfaidh mé
Questions	An ndeir tú?	An ndúirt tú?	An ndéarfaidh tú?
Answers	Deirim/Ní deirim	Dúirt/Ní dúirt	Déarfaidh/Ní dhéarfaidh

clois (hear)

	Cloisim	Chuala mé	Cloisfidh mé
Questions	An gcloiseann tú?	Ar chuala tú?	An gcloisfidh tú?
Answers	Cloisim/Ní chloisim	Chuala/Níor chuala	Cloisfidh/Ní chloisfidh

déan (do)

	Déanaim	Rinne mé	Déanfaidh mé
Questions	An ndéanann tú?	An ndearna tú?	An ndéanfaidh tú?
Answers	Déanaim/Ní dhéanaim	Rinne/Ní dhearna	Déanfaidh/Ní dhéanfaidh

faigh (get)

	Faighim	Fuair mé	Gheobhaidh mé
Questions	An bhfaigheann tú?	An bhfuair tú?	An bhfaighidh tú?
Answers	Faighim/Ní fhaighim	Fuair/Ní bhfuair	Gheobhaidh/Ní bhfaighidh

feic (see)

	Chím	Chonaic mé	Chífidh mé
Questions	An bhfeiceann tú?	An bhfaca tú?	An bhfeicfidh tú?
Answers	Chím/Ní fheicim	Chonaic/Ní fhaca	Chífidh/Ní fheicfidh

ith (eat)

	Ithim	D'ith mé	Íosfaidh mé
Questions	An itheann tú?	Ar ith tú?	An íosfaidh tú?
Answers	Ithim/Ní ithim	D'ith/Níor ith	Íostaidh/Ní íosfaidh

tabhair (give)

	Tugaim	Thug mé	Tabharfaidh mé
Questions	An dtugann tú?	Ar thug tú?	An dtabarfaidh tú?
Answers	Tugaim/Ní thugaim	Thug/Níor thug	Tabharfaidh/Ní thabharfaidh

tar (come)

	Tagaim	Tháinig mé	Tiocfaidh mé
Questions	An dtagann tú?	Ar tháinig tú?	An dtiocfaidh tú?
Answers	Tagaim/Ní thagaim	Tháinig/ Níor tháinig	Tiocfaidh/ Ní thiocfaidh

téigh (go)

	Téim	Chuaigh mé	Rachaidh mé
Questions	An dtéann tú?	An ndeachaigh tú?	An rachaidh tú?
Answers	Téim/Ní théim	Chuaigh/	Rachaidh/
		Ní dheachaigh	Ní rachaidh

bí (be)

	Tá mé/Táim	Bhí mé	Beidh mé
Questions	An bhfuil tú?	An raibh tú?	An mbeidh tú?
Answers	Tá (Táim)/Níl mé (Nílim)	Bhí/Ní raibh	Beidh/Ní bheidh

The verb **Bí** differs from other verbs because it has two distinct forms in the present tense. The *present habitual* is used to express actions that recur, whether frequently or infrequently. Compare the following sentences:

Present tense	Present habitual
Tá Bríd sa bhaile.	Bíonn Bríd sa bhaile achan deireadh seachtaine.
(Bríd is at home.)	(Bríd is home every weekend.)
Tá an bia seo go deas.	Bíonn an bia i gcónaí go deas sa bhialann sin.
(This food is nice.)	(The food is always nice in that restaurant.)
Tá mé an-tuirseach.	Bím i gcónaí tuirseach maidin Dé Luain.
(I'm very tired.)	(I'm always tired on Monday morning.)

Here are the present tense and present habitual of **bí**:

Present tense	Present habitual
tá mé (táim)	bím
tá tú	bíonn tú
tá sé/sí	bíonn sé/sí
tá muid (táimid)	bíonn muid (bímid)
tá sibh	bíonn sibh
tá siad	bíonn siad

Dependent forms of the verb bí

After certain phrases, or a report of what someone said, verbs in Irish have a special form, known as the *dependent form.* Here are the dependent forms of **bí** after **go** and **nach**:

	Positive	Negative
Present tense:	go bhfuil	nach bhfuil
Present habitual:	go mbíonn	nach mbíonn
Past tense:	go raibh	nach raibh
Future tense:	go mbeidh	nach mbeidh

Here are examples of words and phrases that can be followed by the dependent forms:

Sílim …	I think …
Tá súil agam …	I hope …
Chuala mé …	I heard …

Sílim go mbeidh lá deas ann amárach.	I think tomorrow will be a nice day.
Tá súil agam nach bhfuil tú róthuirseach.	I hope you're not too tired.
Chuala mé go raibh Máirtín anseo inné.	I heard that Máirtín was here yesterday.
Sílim nach mbíonn sí sa bhaile rómhinic.	I don't think she's home too often.

The dependent forms are also used to report a person's speech. If Nuala said, **Tá mé go maith** (I'm well), her words would be reported as **Dúirt sí go raibh sí go maith** (She said she was well).

THE COPULA (IS)

The copula (**is**) is often confused with the verb **tá**, which we came across above.

Generally speaking, **tá** is used to say where something is or to describe the state it is in:

Tá sé thall ansin.	It's over there.
Tá sí an-deas.	She's very nice.

Among the situations where the copula is used are the following:

(*a*)   when introducing yourself:

Is mise Síle. — I'm Síle.

(*b*)   when talking about nationality:

Is Gearmánach mé. — I'm German.

(*c*)   when talking about occupations:

Is leictreoir í. — She's an electrician.

(*d*)   when describing likes and dislikes:

Is fuath liom sacar. — I hate soccer.

(*e*)   when saying who does a particular thing:

Is í Máire an rúnaí. — Máire is the secretary.

(*f*)   when saying someone or something is 'the best', 'the biggest', etc.:

Is é Ian an duine is óige sa chlann. — Ian is the youngest in the family.

Is é Páras an chathair is mó sa Fhrainc. — Paris is the biggest city is France.

(*g*)   when talking about someone's qualities, abilities, or personality:

Is amhránaí maith í Sorcha. — Sorcha is a good singer.

Is fear deas é Mark. — Mark is a nice man.

(*h*)   when talking about ownership:

Is le Bernie an mála sin. — That bag is Bernie's.

Is liomsa é. — It's mine.

Questions and answers

You replace **is** with **an** when asking a question:

An dochtúir í Brenda?	Is Brenda a doctor?

'Yes' in this context is **Is ea** and 'No' is **Ní hea**:

An meicneoir é Liam?	Is Liam a mechanic?
Is ea.	Yes.
An Meiriceánach í Laura?	Is Laura an American?
Ní hea, is Astrálach í.	No, she's an Australian.

The past tense of the copula

In the past tense **ba** is used instead of **is**. It causes a séimhiú in words beginning with a consonant and is shortened to **b'** before a vowel or **f**:

Present tense:	**Is bean dheas í.**	She's a nice woman.
Past tense:	**Ba bhean dheas í.**	She was a nice woman.
Present tense:	**Is amhránaí é.**	He's a singer.
Past tense:	**B'amhránaí é.**	He was a singer.

Freagraí
Answers

AONAD 1

1. Go maith, agus tú féin?
   Cad é mar atá tú, a Alan?
   Go breá.

2. Tá sé fliuch.
   Tá sé te.
   Tá sé fuar.

3. Tá lá breá ann; tá sé te.
   Tá sé fliuch.
   Tá sé fuar.

4. go raibh
   breá
   lá breá
   cinnte

5. Go maith, agus tú féin?
   Tá, cinnte, buíochas le Dia.

6. Slán, a Edna.
   Slán go fóill.
   Slán. Chífidh mé tú.

AONAD 2

1. Pat.
   Mise Pat. C'ainm atá ortsa?

2. ort
   ortsa
   Mise
   Mise
   atá ortsa

3. Áine Bean Uí Riain (Anne, his wife)
   Máire Ní Riain (Mary, their daughter)
   Seán Ó Riain (John, their son)

4. Fiona Bean Mhic Liam
   Síle Nic Liam
   Seoirse Mac Liam

5. 1. Siobhán Ní Laoire
   2. Éamann Mac Pháidín
   3. Rónán Ó Cuinneagáin

6. 1. Seo mo chuid iníonacha, Nuala agus Caitríona.
   2. Seo mo chuid mac, Mark agus Liam, agus m'iníon Laoise.
   3. Seo mo mhac Dónall agus m'iníon Cáit.
   4. Seo mo mhac Proinsias agus mo chuid iníonacha Áine, Caoimhe, agus Róisín.

7. Go maith, go raibh maith agat.
   Agus tú féin?
   Seo mo mhac Fearghal agus m'iníon Niamh.

AONAD 3

1. 1. Cá as tú?
   2. As Béal Feirste.
   3. Cá as tú féin?
   4. Cá as tusa?
   5. Is as Léim an Mhadaidh mé.

2. ortsa
   chónaí
   tusa
   As
   den

3
1. A dó, a cúig, a ceathair, a seacht, a cúig, a naoi.
2. A dó, a dó, a ceathair, a dó, a dó.
3. A naoi, a náid, a naoi, a hocht, a ceathair, a dó.
4. A sé, a sé, a haon, a seacht, a cúig, a náid.

 4
1. 64905
2. 71183
3. 32596
4. 48255

 5
1. 10:15   (d)
2. 7:00   (a)
3. 11:45   (e)
4. 4:45   (c)
5. 12:30   (f)
6. 2:00   (b)

AONAD 4

 1
1. An bhfuil Gearmáinis agat?
2. Tá Breatnais líofa agam.
3. Tá beagán Iodáilise agam.
4. Tá mé ag foghlaim Gaeilge.

 2
1. Tá mé ag foghlaim Fraincise ón teilifís.
2. Tá mé ag foghlaim Gearmáinise ó fhístéipeanna sa bhaile.
3. Tá mé ag foghlaim Iodáilise ag rang oíche.
4. Tá mé ag foghlaim Breatnaise ón raidió.

 3
A   Cailtlín Ní Ghallchóir.
As Béal Feirste.
5 Sráid Mhic Liam, Port Stíobhaird.
A cúig, a dó, a naoi, a hocht, a seacht.
Tá, beagán.
Gaeilge, Gearmáinis, agus Fraincis.

B   C'ainm atá ort?
Cá as tú?
Cad é an seoladh atá agat?
Cad é d'uimhir fóin?
Cad é na teangacha atá agat?

 4
trí phionta
sé bhuidéal
dhá chaife
ceithre thábla
cúig dhoras

AONAD 5

 1
Is maith liom cláracha dúlra.
Ní maith liom cláracha ceoil.
Is breá liom cláracha faisnéise.
Ní maith liom cláracha cainte.
Is fuath liom cláracha spóirt.

 3
1. Is maith liom a bheith ag cócaireacht.
2. Is maith liom a dhul ag snámh.
3. Is maith liom a dhul chuig drámaí.
4. Is maith liom éisteacht le ceol.
5. Is maith liom a bheith ag iascaireacht.

 4
1. An maith leat ceol traidisiúnta?
2. Is maith liom ceol clasaiceach.
3. Is breá liom snagcheol. An maith leatsa é?
4. Is fuath liom é.
5. Ní maith liom ar chor ar bith é.
6. Is breá liom é.

 5
1. Is maith liom feoil ach is fearr liom bia mara.
2. Is maith liom fíon dearg ach is fearr liom fíon bán.
3. Ní maith liom glasraí ar chor ar bith.
4. Is fuath liom sicín.

 6
1. Níl sé rómhaith.
2. Tá sé measartha maith.
3. Tá sé go dona.
4. Tá sé an-mhaith.

7   7, 15, 4, 9, 11, 16, 2, 20.

AONAD 6

 1   1. Cad é ba mhaith leat?
2. Cad é ba mhaith libh?
3. Cad é ba mhaith leatsa?

 2   Cupa caife dubh, le do thoil.
Cupa tae lag, le do thoil.
Caife bán, le do thoil.
Cupa tae láidir, le do thoil.
Ní thógaim.

 3   Ba mhaith liomsa pota tae, le do thoil.
Gloine sú oráiste agus cupa tae domhsa, le do thoil.

 4   B'fhearr liom cupa tae.
Níor mhaith, go raibh maith agat.
B'fhearr liom gloine sú oráiste.
Ba mhaith.

 5   1. Cad é ba mhaith leat?
2. *Sample question:* Ar mhaith leat cupa tae?
3. Cad é ba mhaith libh?

 6   1. Seacht gcupa
2. Trí ghloine
3. Dhá oráiste
4. Ocht ndeoch

 7   1. Seacht bpionta beorach.
2. Dhá chaife agus trí chupa tae.
3. Cúig ghloine sú oráiste.
4. Naoi mbuidéal beorach.
5. Ocht sú oráiste.

 8   Cad é mar atá tú?
Go maith, go raibh maith agat.
Cad é ba mhaith leat?
Pionta beorach, le do thoil.
Rud ar bith eile?
Gloine 'Coke'.
Leac oighir?
Le do thoil.

AONAD 7

 1   1. Tá mé ag dul go Sligeach.
2. Tá mé ag dul go dtí an t-ionad siopadóireachta.
3. Tá Anna ag dul go Cúil Raithin.
4. Tá mé ag dul go dtí an t-ionad spóirt.

 2   1. go
2. go
3. go dtí
4. go dtí
5. go
6. go dtí

 3   Tá mé ag dul go dtí an siopa poitigéara. Cá bhfuil tusa ag dul?
Tá mé ag dul go dtí an bhialann agus ansin go dtí an teach tábhairne.
Go dtí an garáiste. Cá bhfuil tusa ag dul?

 4   an caife
an amharclann
an garáiste
an teach tábhairne
an pháirc
an phictiúrlann
an tsólann
an t-aerfort

 5   Go maith, go raibh maith agat.
Agus tú féin?
Tá, cinnte.
Seo mo mhac Liam agus mo chuid iníonacha Eibhlín agus Laura.
Tá muid ag dul go hoifig an phoist agus ansin go dtí an t-ollmhargadh.
Cá bhfuil tusa ag dul?

 6   Tá mé ag dul i gceann tamaill.
Tá mé ag dul i gceann leathuair an chloig.
Tá mé ag dul anois.
Tá mé ag dul maidin amárach.

7 1. haon … san iarnóin
2. naoi … san oíche
3. ceathair … ar maidin
4. cúig … ar maidin
5. seacht … ar maidin
6. seacht … san oíche

AONAD 8

 1 1. Is feirmeoir mé.
2. Is meicneoir mé.
3. Is banaltra mé.

 2 1. Cad é an tslí bheatha atá agat?
2. Is búistéir mé.
3. Tá mé ag obair i ngaráiste.
4. Tá bácús agam.
5. Cá bhfuil tú ag obair?
6. Tá mé ag obair in otharlann.

 3 1. Is múinteoir mé. Is breá liom é.
2. Is rúnaí mé. Tá sé ceart go leor.
3. Tá mé ag obair i mbialann. Is fuath liom é.

 4 Go maith, go raibh maith agat.
Agus tú féin?
Níl mé ag obair faoi láthair. Cá bhfuil tusa ag obair?

 5 Ba thiománaí mé.
Ní hea.
Tá mé ag obair in oifig.
Is ea.
Ní maith liom ar chor ar bith é.

AONAD 9

 1 1. Tar isteach.
2. Suigh síos.
3. Coimhéad!
4. Fanaigí bomaite.
5. Stadaigí.
6. Bígí ciúin.

 2 1. Bígí ciúin.
2. Tagaigí isteach.
3. Fan bomaite.
4. Coimhéad!

 3 1. Bígí ciúin!
2. Coimhéad!
3. Suigh síos.
4. Fan bomaite.
5. Stad or Ná déan sin (or both!)
6. Goitse.

 4 1. Oscail (or Foscail) an fhuinneog, le do thoil.
2. Déan deifir!
3. Coimhéad!
4. Gabhaigí a luí.
5. Druid an doras or Druid an fhuinneog, le do thoil.
6. Gabh amach!

AONAD 10

 1 1. Tá.
Tá mac agus iníon agam.
2. Níl.
3. Tá mé scartha ó mo bhean chéile.
Tá mac agam.
4. Is baintreach mé.
Níl páistí ar bith agam.

 2 1. Cad é mar atá do chlann?
2. Cad é mar atá bhur gclann?
3. Cad é mar atá a máthair?
4. Cad é mar atá a mhac?
5. Cad é mar atá a n-iníon?
6. Cad é mar atá a hathair?

 3 Tá mé i mo chónaí i mBéal Feirste.
Cá bhfuil tusa i do chónaí?
Tá siad go maith. Cad é mar atá do mhacsa?
Tá mé ag obair i monarcha i gCarraig Fhearghais.

 4 1. triúr iníonacha
2. mac amháin
3. ceathrar buachaillí
4. beirt chailíní

 5 2. ceathrar cailíní
3. iníon amháin

4. ceathrar mac
5. beirt iníonacha
6. triúr iníonacha

 6 mhéad … agat
mhac … amháin … pósta
m'fhear … triúr

 7
1. Tá triúr páistí agam. Tá duine amháin acu ar an bhunscoil agus tá beirt acu ar an mheánscoil.
2. Tá ceathrar páistí agam. Tá beirt acu ar an ollscoil agus tá beirt acu ar an mheánscoil.
3. Tá mac amháin agam. Tá sé sa naíonra. Tá mé ag súil le leanbh.

AONAD 11

 1
1. Cad é a rinne tú arú inné?
2. Cá háit a ndeachaigh tú maidin inné?
3. Cad é a rinne tú maidin inniu?
4. Cá háit a ndeachaigh tú arú aréir?

 2
1. D'imir mé leadóg.
2. D'amharc mé ar an teilifís.
3. Chuaigh mé chuig dráma.
4. D'éist mé le ceol.
5. D'amharc mé ar scannán.
6. D'ól mé cúpla pionta.

 3
inné
arú aréir
maidin
aréir
maidin inniu

 4
1. Chonaic mé Brian inné.
2. Chuaigh mé go Béal Feirste ag an deireadh seachtaine.
3. D'ól mé dhá phionta aréir.
4. Tháinig Síle maidin inné.
5. Bhí mé i nDoire arú inné.

 5
1. Maidin Dé Máirt.
2. Oíche Shathairn.

3. Tráthnóna Dé hAoine.
4. Dé Luain.
6. Oíche Chéadaoin.

 6
1. Mo chara Jackie.
2. Mo mháthair.
3. Mo chairde Susan agus Tríona.
4. M'athair.

 7
1. go dtí
2. chuig
3. chuig
4. go
5. chuig

 8
Chuaigh mé chuig dioscó oíche Aoine agus ag siopadóireacht Dé Sathairn.
Mo chairde Rosie agus Jean. Cad é a rinne tú féin ag an deireadh seachtaine?
Ar bhain tú sult as an scannán?

AONAD 12

 1
1. Tá mé ag dul chuig cruinniú ag leath i ndiaidh a dó.
2. Tá mé an-tuirseach.
3. Tá mé ag dul chuig ceolchoirm ag a naoi a chlog.
4. Tá mé ag súil le cuairteoirí.
5. Tá mé mall don scannán.

 2
1. Is mór an trua sin.
2. Níl sé ach luath.
3. Fan tamall beag eile.
4. Fan leathuair eile.
5. Fan go dtí leath i ndiaidh a naoi.
6. Cheana féin!

 3
2. Chífidh mé i gceann leathuaire tú.
3. Chífidh mé amárach tú.
4. Chífidh mé anocht tú.
5. Chífidh mé Dé Sathairn tú.

 4
1. an lá
2. an tseachtain

3. an choicís
4. an mhí
5. an bhliain

 5
1. Caithfidh mé imeacht anois. Chífidh mé ar an tseachtain seo chugainn tú.
2. Tá mé ag dul ag siopadóireacht. Chífidh mé i gceann leathuaire tú.
3. Tá mé ag dul ar saoire. Chífidh mé i gceann míosa tú.
4. Chífidh mé i gceann coicíse tú.

AONAD 13

 1
1. Seo mo chuid deartháireacha Tomás agus Liam agus mo dheirfiúr Isabelle.
2. Seo m'Aintín Máirín agus mo chuid col ceathracha Jim agus Frank.
3. Seo mo mháthair mhór agus m'athair mór.
4. Seo mo mháthair agus m'Uncail Jeff.
5. Seo mo chuid deirfiúracha Emer agus Deirdre.
6. Seo m'fhear céile, Finbarr, agus mo mhac Gavin.

 2
1. Tá, triúr.
2. Sorcha, Niall, agus Niamh.
3. Tá Sorcha ceithre bliana, tá Niall cúig bliana, agus tá Niamh seacht mbliana.
4. Níl. Tá Sorcha sa naíonra.

 3
1. Tá siad ina gcónaí i mBéal Feirste.
Tá Marion ag obair i siopa bróg, agus tá John dífhostaithe faoi láthair.
2. Tá sé ina chónaí i mBaile Átha Cliath, agus tá sé ag obair in ollmhargadh.

3. Níl. Tá sí ina cónaí in Inis Ceithleann.
Tá sí ag obair i mbialann.

AONAD 14

 1
1. Cad é an t-am a dtéann tú chun na scoile achan mhaidin?
2. Cad é an t-am a dtéann tú ag obair?
3. Cad é an t-am a n-éiríonn tú maidin Dé Sathairn?
4. Cad é an t-am a n-éiríonn tú de ghnáth?

 2
1. Éistim leis an raidió.
2. Téim chuig scannán.
3. Déanaim réidh béile, agus ansin amharcaim ar an teilifís.
4. Téim amach go minic.
5. Éistim le ceol agus téim a luí luath.

 3 **Questions**
1. An dtéann tú chuig drámaí go minic?
2. An mbíonn tú gnóthach oíche Shathairn de ghnáth?
3. An dtagann tú abhaile ag an deireadh seachtaine de ghnáth?
4. An éisteann tú le ceol clasaiceach?

Replies
1. Téim.
2. Ní bhím.
3. Ní thagaim.
4. Éistim.

 4 A
1. Cad é an t-am a n-éiríonn tú?
2. Cad é an t-am a dtéann tú ag obair?
3. Cad é an t-am a mbíonn do lón agat?
4. Cad é an t-am a dtagann tú abhaile?
5. Cad é an t-am a dtéann tú a luí?

B **Sample answer**

Éirím thart fá leath i ndiaidh a seacht.

Ithim mo bhricfeasta idir ceathrú go dtí a hocht agus ceathrú i ndiaidh a hocht.

Téim ag obair ag leath i ndiaidh a hocht.

Bíonn mo lón agam idir a haon a chlog agus ceathrú go dtí a dó.

Tagaim abhaile thart fán sé a chlog.

Téim a luí idir leath i ndiaidh a haon déag agus a dó dhéag.

AONAD 15

1 1. Cá bhfuil an t-ollmhargadh?
   2. Cá bhfuil an teach tábhairne?
   3. Cá bhfuil an bhialann?
   4. Cá bhfuil an seomra suí?
   5. Cá bhfuil an leithreas?
   6. Cá bhfuil an seomra folctha?

2 1. Téigh síos an staighre agus tiontaigh ar chlé.
   2. Téigh suas an staighre; tá sé trasna ón leithreas.
   3. Téigh síos an halla; tá sé ansin in aice leis an seomra suí.
   4. Téigh síos an staighre agus tiontaigh ar dheis; tá sé trasna ón seomra folctha.

3 Cuir sa seomra suí iad.
   Cuir sa seomra folctha é.
   Cuir thall ansin é.
   Cuir sa chistin é.

4 1. Sa chuisneoir.
   2. Ar an tábla.
   3. Thall ansin.
   4. Sa gharáiste.
   5. Sa phrios.

5 1. Sa chistin.
   2. Sa seomra suí, in aice leis an fhuinneog.

3. San oifig.
4. Sa seomra codlata.

6 1. ocht gcathaoir
   2. trí thábla
   3. ceithre phrios

7 1. Téigh síos an halla.
   2. Téigh suas go dtí an seomra codlata.
   3. Tá sé thuas sa seomra folctha.
   4. Tá sí amuigh sa ghairdín.
   5. Téigh isteach sa chistin.
   6. Téigh amach go dtí an garáiste.

AONAD 16

1 1. Ocht bpunt déag an ceann.
   2. Aon phunt déag an mála.
   3. Trí phunt an dosaen.
   4. Sé phunt an cileagram.
   5. Fiche punt an bosca.

2 1. Seacht bpingine déag
   2. Cúig pingine
   3. Aon phingin déag
   4. Dhá phingin
   5. Deich bpingine
   6. Fiche pingin

3 1. Dhá phingin déag an ceann.
   2. Fiche pingin an mála.
   3. Trí phunt déag an ceann.
   4. Ocht bpingine déag an bosca.
   5. Dhá phunt an lítear.
   6. Ocht bpunt an buidéal.
   7. Punt fiche pingin an dosaen.
   8. Naoi bpingine an ceann.

4 1. fiche is a trí punt
   2. ceathracha is a naoi pingin
   3. caoga is a hocht pingin
   4. tríocha is a naoi punt
   5. seachtó is a trí pingin
   6. nócha is a trí pingin
   7. seasca is a cúig punt
   8. fiche is a seacht punt

5 1. Cúig phunt an buidéal.
Tá sé saor.
2. Ceithre phunt fiche pingin an mála.
Tá siad daor.
3. Punt fiche is a sé pingin an dosaen.
Tá siad an-saor.
4. Dhá phunt trí pingine déag an pionta.
Tá sé i bhfad ródhaor.
5. Trí phunt ceathracha is a naoi pingin an bosca.
Tá siad saor.

 6 1. Punt nócha is a naoi pingin
2. Cúig phunt seachtó is a cúig pingin
3. Sé phunt déag nócha is a cúig pingin
4. Naoi bpunt déag caoga pingin
5. Ceathracha is a cúig punt seasca pingin
6. Nócha is a hocht punt fiche is a trí pingin

AONAD 17

 1 1. Tá mé ag iarraidh a dhul abhaile.
Tá mé tuirseach.
2. Cad é atá de dhíth ort?
3. Níl a fhios agam.

 2 1. Tá mé ag iarraidh péire bróg.
Donn.
2. Tá mé ag cuartú péinte don seomra folctha.
Bándearg.
3. Tá mé ag cuartú péire brístí.
Gorm.

 3 1. An dtig liom cúig phunt déag a fháil ar iasacht?
2. An dtig liom ocht bpunt déag a fháil ar iasacht?
3. An dtig liom caoga pingin a fháil ar iasacht?

4. An dtig liom dhá phunt a fháil ar iasacht?

 4 1. Tá mé ag iarraidh leabhair ar iasacht.
2. An dtiocfadh liom cuidiú leat?
3. Tá mé ag cuartú oifig Alan.
4. Cé atá ann?
5. Cad é atá de dhíth orthu?

AONAD 18

 1 1. Go Meiriceá.
2. Go dtí an Bhreatain Bheag.
3. Tá mé ag dul go dtí an Ghearmáin.
4. Go dtí an Ghréig agus go dtí an Iodáil.

 2 1. Go Sasana. Ar feadh coicíse.
2. Go hAlbain. Ar feadh seachtaine.
3. Go dtí an Fhrainc. Ar feadh míosa.

 3. saoire
dtí
leat
trí
ar
an bhád
bhus

 4 1. Cé atá ag dul leat?
2. Tá mé ag dul ar an eitleán.
3. Tá mé ag dul sa charr agus ar an bhád.
4. Beidh mé ag fanacht i dteach lóistín.
5. Beidh muid ag fanacht i gcarbhán.

 5 Tá mé ag dul go dtí an Iodáil.
Mo chairde Micheál agus Úna.
Beidh muid ansin ar feadh coicíse.
In óstán. Tá mé ag súil go mór leis.

 6 1. Seomra dúbailte le cithfholcadán.

2. Seomra singil.
3. Dhá sheomra. Seomra singil agus seomra dúbailte.

AONAD 19

1
1. Ná bígí ag caint.
2. Ná bígí ag caoineadh.
3. Ná bígí dána *or* Ná déan sin.
4. Ná bígí ag gáire.

2
1. Cíor do chuid gruaige.
2. Nígí bhur n-aghaidh.
3. Ná bí dána *or* Na déan sin.
4. Nígí bhur lámha.
5. Ná bígí ag caoineadh.
6. Déanaigí deifir.

3
1. Tá tinneas cinn uirthi.
2. Tá pian ina bholg.
3. An bhfuil siad ceart go leor?
4. Cad é atá orthu?
5. An bhfuil ocras air?

4
1. Tá tinneas fiacaile orm.
2. Tá mé fuar.
3. Tá tinneas cinn orm.
4. Tá ocras orm.
5. Tá pian i mo bholg.

5
1. An bhfuil tú tinn?
2. An bhfuil sibh ceart go leor?
3. Cad é atá ort?
4. Cad é atá ort?

AONAD 20

1
1. Is fear ard é.
2. Tá sí beag agus tanaí.
3. Is fear dathúil é *or* Is fear dóighiúil é.
4. Cad é an chuma atá uirthi?
5. Tá sé ag éirí tanaí.

2
1. Tá sí an-chairdiúil.
2. Tá sí an-lách.
3. Tá sé ard agus tanaí.

4. Ní duine róchairdiúil é.
5. Tá sé an-dathúil *or* Tá sé an-dóighiúil.

3
1. Tá sé ard agus tá gruaig dhubh air.
2. Tá sí tanaí agus tá gruaig rua uirthi.
3. Tá sí an-dathúil agus tá gruaig liath uirthi.
4. Tá sé beag agus tá gruaig fhionn air.

4
1. Tá gruaig ghairid fhionn uirthi.
2. Tá gruaig fhada dhubh uirthi.
3. Tá gruaig ghairid rua air.
4. Tá gruaig chatach dhonn uirthi.
5. Tá féasóg fhada liath air.

5
1. Tá gruaig dhubh air agus tá súile gorma aige.
2. Tá gruaig bhán uirthi agus tá súile liatha aici.
3. Tá súile donna aici.
4. Tá gruaig fhada dhubh air.
5. Tá gruaig dhonn air agus tá súile glasa aige.

6
1. Tá sé ramhar.
Tá féasóg fhada air.
Tá gruaig chatach air.
Tá súile donna aige.
2. Tá sí ramhar.
Tá gruaig dhonn uirthi.
Tá súile glasa aici.
3. Tá sí tanaí.
Tá gruaig fhionn uirthi.
Tá súile gorma aici.

AONAD 21

1
1. Cinnte. Níl mé gnóthach inniu.
2. Ní thig liom. Caithfidh mé a dhul go dtí an t-ollmhargadh.
3. Ba bhreá liom.
4. Ba bhreá liom, ach tá mé ag tabhairt aire do na páistí.

5. Ní thig liom. Tá mé ag cóiriú an chairr.

2
1. Cad é atá tú a dhéanamh anocht?
2. Cad é atá tú a dhéanamh san oíche amárach?
3. An mbeidh tú gnóthach oíche Mháirt?
4. An mbeidh tú saor tráthnóna Dé Céadaoin?
5. Cad é atá tú a dhéanamh oíche Dhéardaoin?

3
1. In aice leis an bhialann.
2. Taobh amuigh den ollmhargadh.
3. Taobh amuigh den teach tábhairne.
4. In aice leis an siopa poitigéara.

4
1. Cúig bhomaite i ndiaidh a ceathair.
2. Cúig bhomaite is fiche go dtí a dó dhéag.
3. Fiche bomaite go dtí a seacht.
4. Deich mbomaite i ndiaidh a naoi.

5
Cad é atá tú a dhéanamh oíche Mháirt?
Ar mhaith leat a dhul chuig scannán?
Scannán úr Tim Robbins.
Taobh amuigh den phictiúrlann ag cúig bhomaite go dtí a hocht.

AONAD 22

1
1. Tá mé go breá.
2. Cad é mar a bhraitheann tú?
3. Ní bhraithim go maith.
4. Tá slaghdán air.
5. Tá droch-chasachtach uirthi.

2
1. Tá droim nimhneach air.
2. Ghortaigh sí a glúin inné.
3. Bhris sí a lámh Dé Domhnaigh.

4. Tá sceadamán nimhneach uirthi.

3
1. mhéar
2. chos
3. bholg
4. lámh

4
Ní bhraithim go maith.
Tá tinneas cinn orm agus sceadamán nimhneach.
Ní bheidh. Tá brón orm.

5
1. Ní bheidh mé ábalta a dhul amach anocht.
2. Tabhair aire duit féin.
3. Cad é mar a bhraitheann tú anois?
4. Níl mé níos fearr. Tá mé níos measa.
5. Tá mé níos fearr, go raibh maith agat.

6
1. glúin
2. ceann
3. méar
4. cluas
5. súil
6. gaosán
7. lámh
8. droim
9. sceadamán
10. bolg
11. cos
12. béal
13. gruaig
14. aghaidh
15. sciathán

AONAD 23

1
1. Gabh mo leithscéal. An dtig liom páirceáil anseo?
2. An dtig liom an fhuinneog a oscailt?
3. Thig.
4. Thig cinnte.
5. Ní thig.

240

2
1. An dtiocfadh leat an doras a dhruid, le do thoil?
2. An dtiocfadh libh an seomra a ghlanadh, le bhur dtoil?
3. An dtiocfadh leat an doras a oscailt, le do thoil?
4. An dtiocfadh leat scairtigh ar Áine, le do thoil?
5. An dtiocfadh libh na fuinneogaí a ní, le bhur dtoil?

 3
1. Ar mhiste leat an carr a ghlanadh, le do thoil?
2. An dtiocfadh leat an chistin a ghlanadh, le do thoil?
3. Ar mhiste leat a dhul go hoifig an phoist domh, le do thoil?
4. An dtiocfadh leat cuidiú liom an chathaoir seo a bhogadh, le do thoil?
5. Ar mhiste leat an fhuinneog a oscailt, le do thoil?

 4
1. Ar mhiste leat an fhuinneog a oscailt?
2. An dtig linn peil a imirt?
3. An dtiocfadh leat an seomra folctha a ghlanadh?

 5
1. Tá brón orm, níl sí anseo faoi láthair. Tá sí ar shiúl go dtí an banc.
2. Níl John ag obair inniu. Tá sé ar saoire.
3. Tá brón orm, tá Gráinne ar shiúl go hoifig an phoist. An dtiocfadh liomsa cuidiú leat?

 6
1. An dtig liom páirceáil anseo?
2. Thig, cinnte.
3. An dtiocfadh leat a dhul go dtí an siopa domh?
4. Ar mhiste leat an doras a oscailt domh?
5. An dtig liom labhairt le Mark?
6. An dtig liom an bainisteoir a fheiceáil?

AONAD 24

 1
1. Ní dheachaigh.
2. Níor thug.
3. Ní bhfuair.
4. Níor tháinig.
5. D'ith.
6. Ní fhaca.

 2
1. An bhfaca tú an scannán aréir?
2. An ndeachaigh tú chuig an cheolchoirm oíche Dhomhnaigh?
3. Ar bhain tú sult as an deireadh seachtaine?
4. An raibh tú tinn inné?
5. An bhfuair tú pionta domh?
6. Ar chuala tú an drochscéala?

 3
1. ndearna
2. Níor … D'ól
3. Bhuail
4. thug
5. Ar

AONAD 25

 1
1. Téigh trasna an droichid agus tiontaigh ar chlé; tá sé ansin in aice leis an chaife.
2. Téigh síos an bóthar agus tóg an dara tiontú ar chlé.
3. Tá sé ar an choirnéal, trasna ón gharáiste.
4. Téigh síos go dtí an crosbhóthar agus tiontaigh ar dheis.
5. Tóg an chéad tiontú ar dheis; tá sé ansin os comhair an bhainc.

 2
1. tiontaigh
   díreach
   an choirnéal
2. dara
   chéad
   aice
3. ar
   tiontú
   aice

3 1. (a) *location*
Tá sé thuas staighre.

2. (a) *location*
Tá sé thall sa gharáiste.

3. (b) *movement away from the speaker*
Chuaigh sí amach go dtí an gairdín.

4. (a) *location*
Tá sí amuigh sa ghairdín.

5. (c) *movement towards the speaker*
Tháinig sí aníos an staighre.

6. (c) *movement towards the speaker*
Tar anuas anseo.

7. (a) *location*
Tá sé thall ansin.

8. (b) *movement away from the speaker*
Chuaigh Susan anonn go teach Liam.

 4 1. An tríú ceann ar thaobh na láimhe clé.

2. An ceann sin ar thaobh na láimhe deise.

3. An dara ceann ar chlé—in aice leis an fhuinneog.

4. An chéad cheann ar dheis—in aice leis an seomra folctha.

  5 1. An seachtú lá de mhí Mheán Fómhair.

2. An naoú lá de mhí Aibreáin.

3. An séú lá de mhí an Mhárta.

4. An dara lá de mhí an Mheithimh.

5. An tríú lá de mhí Dheireadh Fómhair.

6. An t-ochtú lá de mhí na Nollag.

AONAD 26

 1 1. As Contae Thír Eoghain ó dhúchas mé.

2. Rugadh agus tógadh i gContae Fhear Manach mé.

3. Rugadh i gContae Ard Mhacha mé ach tá mé i mo chónaí i mBéal Feirste anois.

4. Rugadh in Albain mé ach tógadh i gContae Dhún na nGall mé.

5. Rugadh i gContae an Chabháin mé.

 2 1. Nócha is a haon bliain.

2. Ceathracha is a naoi bliain.

3. Seasca is a seacht bliain.

4. Tríocha is a ceathair bliain.

 3 1. Cá huair a casadh ar a chéile ar dtús sibh?

2. Cá huair a chas tú le Barbara ar dtús?

3. Chas mé le Cormac chóir a bheith fiche bliain ó shin.

4. Chas mé le Clíona ar dtús níos mó ná tríocha bliain ó shin.

5. Thart fá chaoga bliain ó shin.

 4 1. Tá mé pósta le fiche bliain, agus tá beirt mhac agus triúr iníonacha agam.

2. Tá mé pósta le sé bliana. Níl páistí ar bith agam.

3. Tá mé pósta le chóir a bheith deich mbliana. Tá iníon amháin agam agus triúr mac.

4. Tá mé pósta le fiche is a dó bliain. Tá ceathrar iníonacha agam.

 5 1. Tá siad ina gcónaí i mBéal Feirste.

2. Tá Pól ina chónaí i mBaile Átha Cliath, agus tá Simon ina chónaí i gCorcaigh.

3. Tá Maria ina cónaí in Albain, agus tá Mairéad agus Gerry ina gcónaí i Sasana.

 6 Tá, is col ceathracha muid. An bhfuil tusa muinteartha d'Eibhlín?
Tá sibh an-chosúil le chéile.

7
1. An naoú lá déag de mhí Lúnasa.
2. An séú lá de mhí Dheireadh Fómhair.
3. An tríú lá fichead de mhí na Samhna.
4. An tríocha is a haonú lá de mhí Aibreáin.
5. An tríú lá déag de mhí na Nollag.

AONAD 27

 1
Tá. Ba mhaith liom na diúilicíní le harán donn baile, le do thoil.
Tá. Beidh an bradán deataithe agam.
Níor mhaith, go raibh maith agat.

 2
1. An mbeidh deoch agat?
2. An bhfuil tú réidh le hordú?
3. Beidh an sú glasraí agam, le do thoil.
4. Ba mhaith liom an t-uibheagán, le do thoil.
5. Cad é na glasraí a ba mhaith leat?
6. Ba mhaith liom beacáin agus sceallógaí, le do thoil.

 3
Ba mhaith. Ba mhaith liom an cáca cáise.
Cad é na milseogaí atá agaibh?
Beidh sailéad torthaí agam, le do thoil.
Níor mhaith, go raibh maith agat.
Beidh cupa caife agam.

 4
1. Gabh mo leithscéal—an clár fíona, le do thoil.
2. Cad é a ólfaidh tú?
3. Cé acu ab fhearr leat, fíon dearg nó fíon bán?
4. Cad é na milseogaí atá agaibh?
5. Cad é mar atá do bhéile?
6. Tá sé an-bhlasta.

 5
1. drochbhlas
2. ródheas
3. fuar
4. úr
5. róbhruite

AONAD 28

 1
Is maith liom a dhul ag siúl sna sléibhte, agus is maith liom a bheith ag scríobh.
Is maith. Imrím eitpheil achan Déardaoin agus cispheil achan mhaidin Dé Sathairn.
Is maith liom a bheith ag taisteal. Tá mé ag dul go Meiriceá ar an mhí seo chugainn.

 2
Níl suim dá laghad agam ann.
Tá suim mhór agam ann.
Níl. Sílim go bhfuil sé leadránach.
Sílim go bhfuil sé ceart go leor.

 3
1. An bhfuil snámh agat?
2. Níl mé rómhaith.
3. Tá sé furasta go leor.
4. Tá sé an-deacair.
5. Cá fhad atá tú ag seinm na fidle?
6. Le seacht mbliana anuas.

 4
1. Cad é mar atá ag éirí leat?
2. Bíonn ceacht agam trí huaire sa tseachtain.
3. Tá ag éirí go maith liom.

 5
fhad
bliana
rómhaith
rang
minic
Uair
deacair
suim
bheith

6 1. Cad é an caitheamh aimsire atá agat?
2. Imrím cispheil.
3. Is maith liom a bheith ag scríobh.
4. An bhfuil suim agat sa stair?
5. An bhfuil ceol agat?
6. An bhfuil tú ábalta gléas ceoil a sheinm?
7. Cad é chomh minic is a bhíonn tú ag cleachtadh?
8. Tá sé ródheacair.
9. Cá fhad is atá tú ag tiomáint?
10. Le deich mbliana anuas nó mar sin.
11. Cad é mar atá ag éirí leat?
12. Tá eagla orm nach bhfuil ag éirí go rómhaith liom.

AONAD 29

 1 1. Bhí mé i Meiriceá ar feadh ocht mí.
2. Bhí mé sa Spáinn ar feadh trí mhí.
3. Bhí mé sa Ghearmáin ar feadh sé mhí.
4. Bhí mé i Sasana ar feadh bliana.
5. Bhí mé sna Stáit Aontaithe ar feadh míosa.

 2 1. Cad é an dóigh atá ort?
2. Ní fhaca mé le tamall tú.
3. An raibh tú thar lear?
4. Cá háit a raibh tú?
5. Cá huair a tháinig tú ar ais?
6. Tháinig mé ar ais trí lá ó shin.

 3 Bhí mé thar lear.
Bhí mé sa Ghréig ar feadh sé mhí.
Bhí mé ag múineadh Béarla.
Seachtain ó shin.
Bhain. Bhí sé go hiontach.

 4 1. Tá siad an-lách mar dhaoine.
2. Tá siad an-díograiseach (*or* iontach díograiseach).

3. Is breá liom iad. Tá siad an-lách (*or* iontach lách).
4. Tá siad an-chairdiúil (*or* iontach cairdiúil).
5. Tá siad an-deas (*or* iontach deas). Chaith siad go maith liom.

 5 1. Cad é a shíleann tú de na Spáinnigh?
2. An maith leat fíon Francach?
3. An ndeachaigh tú ansin leat féin?
4. Chuaigh mo chara Peadar liom.
5. An raibh tú i do chónaí leat féin nó le daoine eile?

AONAD 30

 1 1. Tá mé ag dul go hoifig an phoist ag a dó a chlog.
2. Tá mé ag imirt peile maidin amárach.
3. Tá mé ag dul chuig dráma san oíche amárach.
4. Tá sé ag imeacht ar an tseachtain seo chugainn.
5. Tá sí ag dul ag snámh ag leath i ndiaidh a cúig.
6. Tá siad ag péinteáil an tí an deireadh seachtaine seo chugainn.

 2 1. A Dhónaill, an ndéanfaidh tú gar domh?
2. A Chaitlín, an rachaidh tú go hoifig an phoist domh?
3. A Chathail, an dtabharfaidh tú síob domh?
4. A Louise, an gcuirfidh mé na tuáillí sa seomra folctha duit?
5. An bhfaighidh mé páipéar nuachta duit?

 3 Beidh.
Rachaidh, cinnte.
Tá.

244

Ní fheicfidh. Níl mé ag obair amárach.

4   1. An rachaidh tú go Doire liom Dé hAoine?
    2. An mbeidh sé sa bhaile tráthnóna inniu?
    3. An bhfeicfidh siad Dara ag an deireadh seachtaine?
    4. An bhfaighidh mé an páipéar nuachta?
    5. An gcuirfidh tú an bainne sa chuisneoir?

5   1. Chífidh mé i gceann coicíse tú.
    2. Tá mé ag dul i gceann seachtaine.
    3. Chífidh mé i gceann cúpla lá iad.
    4. Tá siad ag teacht abhaile i gceann seachtaine.
    5. Ba mhaith liom a dhul go Meiriceá amach anseo.

6   Déanfaidh, má bhíonn an t-am agam.
    Rachaidh, má bhíonn an lá go deas.
    Ba bhreá liom, má bhím saor.
    Beidh, má bhíonn lá saor aici.

7   1. Beidh sé gaofar.
    2. Beidh fearthainn throm ann.
    3. Beidh tintreach agus toirneach ann.

Innéacs Toipicí
Topics Index

Innéacs Gramadaí
Grammar Index